图说欧洲史

A HISTORY OF EUROPE

FROM
PREHISTORY TO
THE 21ST CENTURY

欧洲史

从史前时代到21世纪

【英】 杰里米·布莱克 ——— 著
JEREMY BLACK

邓小鲲 陈华丽 ——— 译

团结出版社

图书在版编目（ＣＩＰ）数据

图说欧洲史：从史前时代到 21 世纪 /（英）杰里米
·布莱克著；邓小鲲，陈华丽译 . -- 北京：团结出版
社 , 2023.3
ISBN 978-7-5126-9504-7

Ⅰ . ①图… Ⅱ . ①杰… ②邓… ③陈… Ⅲ . ①欧洲 -
历史 - 图解 Ⅳ . ① K500-64

中国版本图书馆 CIP 数据核字 (2022) 第 126220 号

审图号：GS（2022）4988 号

出　　版：团结出版社
　　　　　（北京市东城区东皇城根南街 84 号　邮编：100006）
电　　话：（010）65228880　65244790（出版社）
　　　　　（010）65238766　85113874　65133603（发行部）
　　　　　（010）65133603（邮购）
网　　址：http://www.tjpress.com
E-mail：zb65244790@vip.163.com
　　　　　tjcbsfxb@163.com（发行部邮购）
经　　销：全国新华书店
印　　装：三河市东方印刷有限公司

开　　本：225mm×280mm　　12 开
印　　张：21
字　　数：182 千字
版　　次：2023 年 3 月　第 1 版
印　　次：2023 年 3 月　第 1 次印刷

书　　号：978-7-5126-9504-7
定　　价：280.00 元（精装）

To Chinese Readers

Europe has seen the rise and fall of great empires, bold commercial endeavours, periods of scientific discovery and cultural flourishing as well as eras of strife and conflict. Some of the world's most destructive wars begun in Europe and their impact has been felt across the globe. It is also a continent of extraordinary diversity. Europe is home to nearly 50 different countries today and it has rarely been a monolithic entity. Its history has also been marked by its close contacts with the rest of the world through trade and imperial undertakings.

This new translation into simplified Chinese presents a unique opportunity to bring the history of this extraordinary continent to a wider audience. As China's relationship with Europe becomes ever more significant in the modern world, it becomes all the more important to understand its historical context, and this new edition should prove the perfect introduction.

Jeremy Black

寄中文读者

欧洲，见证过伟大帝国的兴衰、商业活动的进取，经历了科学发现和文化繁荣的周期，以及充满矛盾和冲突的时代。一些世界上最具破坏性的战争肇始于欧洲，然而它们的影响波及全球。

欧洲，一块非凡多样的大陆，今天的欧洲云集了近50个不同的国家，她从来不曾成为一个铁板一块的单一整体。欧洲历史之所以为世人所瞩目，在于她与世界其他地区的密切联系与交流，是通过"帝国事业"和贸易扩张。

此次本书新的简体中文译本，带来了一个独特的良机，将这个非凡大陆的历史呈现给更广泛的读者。在现代世界，随着中国与欧洲的关系变得越来越重要，自然地，中国人了解欧洲历史的源远流长也越来越有意义。本中文译本应当是一个完美的序曲。

杰里米·布莱克

目 录

上图：亚伯拉罕·奥特柳斯（Abraham Ortelius，1527年—1598年，佛兰芒地图学家和地理学家，著有第一部现代地图集《世界概貌》）于1595年画的欧洲地图。数百年来，关于欧洲精确的边界线一直争论不休。

引 言

    欧洲是有着迷人历史的紧凑大陆，欧洲的历史对于今天的欧洲人以及欧洲以外的人们都极为重要。欧洲势力的扩张——譬如俄罗斯抵达太平洋，并深入中亚；又如英国、法国、比利时、丹麦、新西兰、德国、意大利、葡萄牙和西班牙的越洋航行——都反复影响着世界历史，事实上也改变了15世纪以来的世界历史。因此，可以理解的是，许多人把注意力集中在欧洲最近的几个世纪，但是无论对于欧洲还是世界其他地区来说，欧洲及其人民更早期的深远历史，以及他们数千年来的发展，对其后发生的历史进程，都是极其重要的，甚至时至今日仍然意义重大。

何处是欧洲？

    本书所指的欧洲是一个地理概念，即位于亚洲和大西洋之间的一个地理区域。但这一界定有待商榷，例如，虽然乌拉尔山脉常常被称为欧洲东部的天然边界，但它在1917年之后位于苏俄境内，待到1991年12月之后，它仍在俄罗斯联邦境内，乌拉尔山脉既不是欧洲的屏障，也不是前沿。

    欧洲与其他大陆不同。相对于其自身幅员而言，欧洲的海岸线比其他大陆要更长一些，堪称"海洋性大陆"，它的气候受海洋低压中心和欧亚大陆高压中心的交互影响，分别来自北极的寒潮与撒哈拉沙漠的热流在此地相互作用，使得欧洲气候天然地呈现出多样化的特点。从实际情况来说，盛行的西风给欧洲的大西洋沿岸带来降雨，有利于植物生长；同时，大西洋里北上的墨西哥湾流也使得西欧沿岸水域变得温暖。而在欧洲东部，气候并非如此，东部的气候要更加寒冷，更加干燥。

何谓"欧洲"？

    "欧洲"一词的内涵意蕴，在历史时期并非一直清晰。毕竟那时人们还没有意识将欧洲作为一个单独的地区来看待。在罗马帝国

左图：15世纪手绘的传统"T-O"地图。地图显示地球被分为三大洲：欧洲、非洲和亚洲。

（最初实行共和体制，后来成为由皇帝统治的帝国。从公元前3世纪勃兴开始，直到公元5世纪初，它都在西欧一直保持着统治地位。），人们对今天的"欧洲"的地理范围知之甚少。而且，在罗马时期，人们的地理知识几乎没有涉及斯堪的纳维亚半岛，更不用说现代俄罗斯的欧洲部分了。在当时，地中海区域才是政治和经济的重心所在，但地中海世界及罗马帝国的一些重要部分是现代欧洲概念之外的，值得注意的有埃及、叙利亚、安纳托利亚（爱琴海沿岸的土耳其东部）。

在罗马帝国于5世纪结束了其在西欧的统治之后的很长一段时间里，欧洲也没能根据帝国的疆域来获得明确定义，即使帝国以东罗马帝国（拜占庭）的形式得到延续也是如此。但是很多欧洲人把"基督教世界"定义为欧洲，他们所说的基督教世界指那些处于基督教控制的地区。虽然欧洲在政治上是支离破碎的，但"基督教世界"这个概念建立的一种共同的意识形态，远比现代欧洲拥有的任何事物都要有影响力。此外，中世纪的教皇统治是部分基督教世界的一种独特的统治形式。

然而，就"基督教世界"的定义来说，其判断的标准是宗教信仰，而不是地域，因此，此时的"欧洲"的概念仍然没能拥有明晰而稳定的范围。事实上，发端于10世纪90年代的十字军运动与"基督教世界"的扩张息息相关。其中一些战争发生在今天的欧洲部分地区，尤其是在西班牙、葡萄牙以及波罗的海的南岸和东岸，但是扩张活动的关键地区在以色列、巴勒斯坦、黎巴嫩和叙利亚等近东地区。进入到13世纪，扩张的次要目标区域是北非，尤其当葡萄牙军队于1415年占领了摩洛哥的休达港以后就更是如此。在接下来的120年里，"基督教世界"的扩张在摩洛哥和阿尔及利亚斩获颇多。

以"基督教世界"来界定欧洲的设想也面临棘手的问题，例如，教皇统治下的区域与其他地方之间的紧张关系，特别是教皇辖区与东罗马帝国或拜占庭帝国统治区域的对立。拜占庭帝国以君士坦丁堡（1924年改称伊斯坦布尔）为基地，扩张到一些今天不属于欧洲的地区，如7世纪以前的埃及、叙利亚、以色列、黎巴嫩、巴勒斯坦，直至15世纪的现代土耳其部分地区。现代的东正教会也并没有对我们今天地理上所认为的欧洲相应地设定一个范围，而且东正教会对欧洲和所谓"基督教世界"的看法与天主教罗马教廷的观点大相径庭。特别是对于东正教来说，由于其牧首教座驻跸在伊斯坦布尔，且必须是土耳其公民，因此没有理由将土耳其排除在历史中的欧洲之外。

拜占庭帝国的大部分疆土最终被伊斯兰教势力所征服，因此，在过去600年的大部分时间里，东欧大部分地区都属于一个截然不同的文化和政治世界，这个世界名为奥斯曼帝国（土耳其），是一个奉行伊斯兰教的帝制国家，其首都却设在君士坦丁堡。近600年来，这个国家的大部分时间都花费在与基督教列强的对抗上。

是否接纳土耳其加入欧盟的讨论突出了土耳其历史所带来的诸多问题。这是今天正在广泛讨论的如何看待欧洲和伊斯兰世界关系的一个主题。当站在伊斯坦布尔的欧洲部分，看到亚洲海岸近在咫尺，或者从突尼斯眺望西西里岛和马耳他有

下图：16世纪早期土耳其历史书《睿智》的一幅细密画，该书是一部为奥斯曼苏丹们作传的历史书。由于其对"基督教世界"的威胁，奥斯曼帝国被同时代的欧洲人视为欧洲的敌对面。

多近，这些争论都给人以戏剧性的启发。

对当时的基督徒来说，与其说奥斯曼帝国是欧洲之外的，不如说是欧洲的敌对面。基督教徒定义了哪些是不属于欧洲的东西，包括暴政和伊斯兰教，并将二者视为对"基督教世界"的威胁。奥斯曼帝国的扩张导致了：1521年贝尔格莱德的陷落，1526年布达佩斯被攻陷，1529年和1683年维也纳被围困，1565年马耳他的瓦莱塔被围攻。尽管奥斯曼帝国发动的后三次攻击都失败了，但其所构成的威胁非常明显，并显而易见地持续到18世纪早期，即1739年奥斯曼帝国第二次占领了贝尔格莱德的时候。

因此，许多现代欧洲的地域实际上是奥斯曼世界的一部分，而不是"基督教世界"。另一方面，（基督教）欧洲的跨洋扩张意味着欧洲的影响力自15世纪晚期开始漂洋过海。跨洋扩张的结果，到1750年，伦敦、巴黎、马德里与费城、魁北克、哈瓦那等殖民地中心颇为相似，甚至超过了与雅典、贝尔格莱德、布加勒斯特和索菲亚等奥斯曼统治下的城市的相似之处。而且这一情形在接下来的世纪里持续存在：尽管地理位置截然不同，历史文化背景也迥然有异，但在冷战期间，恍如昨日重现，西欧和北美之间的共同点超过了东西欧之间的共同点，而东欧自身把目光投向了苏联。

这一情况对"独特的欧洲"的历史观点提出了挑战。而且，即便勉强接受这种历史观，也无法明确解释诸如对欧洲如何定义、如何联系、如何延展之类的问题。事实上，考虑到欧洲历史上各种大范围的意识形态和实际情况，认为欧洲拥有一整套清晰的价值观的想法是异想天开的。

虽然事实如此，但是无论中世纪的教皇、18世纪的启蒙运动，还是意图成为现代帝国统治者的强人如拿破仑和希特勒等，以及今日的欧盟，都各自以截然不同的方式，在探索或塑造"欧洲历史"方面投入了大量的文化和政治资源。例如，2007年，德国利用欧盟轮值主席

国的身份，确保整个欧盟通过了"反种族仇恨法"。但它试图制定的另一项具体禁令——"否认大屠杀罪"则失败了，因为有几个欧盟成员国希望这项禁令能够延伸到把否认、合理化或淡化其他国家的某些暴行也视为罪行，其结果是被另外一些成员国否决。这一事件也说明了欧洲国家在多大程度上缺乏共同的身份认同或历史意识。

何人的欧洲？

很多关于欧洲的历史书，笔墨大多偏重于罗马帝国灭亡之前的地中海地区，其次是法国、德国、低地国家（荷兰和比利时），以及1550年之前的意大利北部。在那以后，意大利很大程度上不再为欧洲历史书所关注。斯堪的纳维亚、伊比利亚、巴尔干半岛、东欧和意大利南部得到的篇幅相对来说是很少的，除非它们与被聚焦的核心区域发生互动。然而，英国往往被当作一个特例来对待，尤其对于大多数英国人来说，他们倾向于认为

英国是欧洲人和非欧洲人的混合体。

东欧地区历史获得的关注较低。这也反映了长期以来，东欧的不够繁荣，影响了其文化活动，与战时带来的破坏一样，其文化记录也被毁坏，尤其那些地主家庭备受打击，加上冷战时期（1945—1989 年）造成的影响，其结果是阻碍了东欧历史的实证研究。

今日"欧洲"向何方？

以聚焦西欧作为标准，其问题不仅在于低估了欧陆大部分地区的历史，而且还可能会误导人们以为存在着一种固有的"欧洲的"方式。事实上，在马德里、曼彻斯特、马尔堡、米兰和慕尼黑，"欧洲"都有不同的含义。因此，在各种各样可以读到的叙述文字中，我们有必要去阅读能够传递生气和活力的内容，这样的内容自然有益于促使关于"欧洲"历史的整体概念变得更加有趣。在欧洲的历史上，潜在的统一向心力与强大的差异离心力之间的紧张关系一直是一个持续的主题，尽管其具体表现形式有很大不同。这一点与我们应该如何讲述欧洲历史相互影响。尤其是，所谓东欧的幅员范围和所谓西欧的地理区域之间的关系存在着争议，这种争议发展下去，势必倾向于将整个欧陆的范围作为一个整体来看待。

值得着重关注的是，在一些作为单独整体的较大区域内，它们本土社会的分离意识。以至于那里的人们认为自己既属于法国，也属于诺曼底，或者宁愿属于西西里、加泰罗尼亚，而不是分别属于意大利或者西班牙。一些稍小的族群，例如加泰罗尼亚人、苏格兰人正在为更大的自治权而努力，他们的这些努力与欧洲的统一存在着紧张状态，这种紧张状态也引发一个问题：与 1900 年或 2019 年的欧洲地图相比，2050 年的欧洲地图将会是什么样子？未来，地方主义有可能走到前台。无论如何，我们将要讲述的历史表明，欧洲在多大程度上已经停滞不前。然而，历史进程中偶发事件的强大作用一再显现，其中，影响力最大的莫过于战争的胜利。

右图：2017 年 10 月 21 日，加泰罗尼亚人举行独立游行，不久前，当地议会单方面宣布了独立。在欧洲大陆的历史上，强烈的地方主义往往是一种与欧洲统一论同样强大的力量。

欧洲大事年表

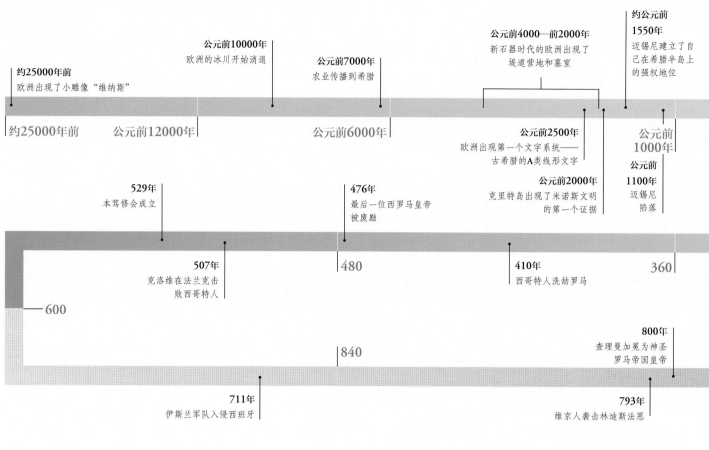

约25000年前
欧洲出现了小雕像"维纳斯"

公元前10000年
欧洲的冰川开始消退

公元前7000年
农业传播到希腊

公元前4000—前2000年
新石器时代的欧洲出现了堤道营地和墓室

约公元前1550年
迈锡尼建立了自己在希腊半岛上的强权地位

约25000年前　公元前12000年　　公元前6000年

公元前2500年
欧洲出现第一个文字系统——古希腊的A类线形文字

公元前1000年

公元前2000年
克里特岛出现了米诺斯文明的第一个证据

公元前1100年
迈锡尼陷落

529年
本笃修会成立

476年
最后一位西罗马皇帝被废黜

507年
克洛维在法兰克击败西哥特人

480

410年
西哥特人洗劫罗马

360

600

840

800年
查理曼加冕为神圣罗马帝国皇帝

711年
伊斯兰军队入侵西班牙

793年
维京人袭击林迪斯法恩

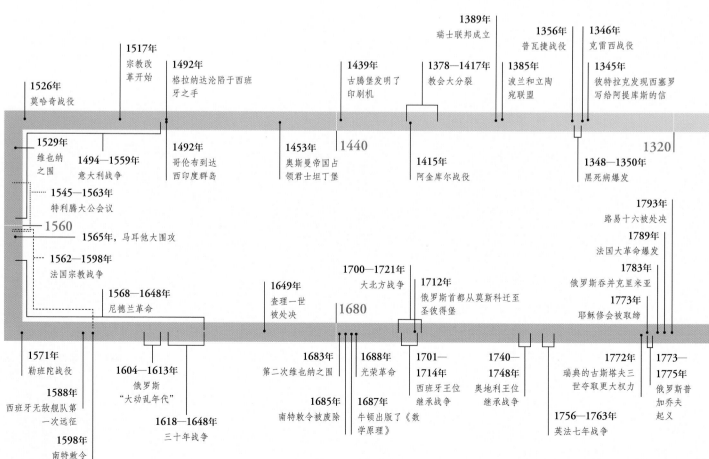

1517年
宗教改革开始

1526年
莫哈奇战役

1492年
格拉纳达沦陷于西班牙之手

1439年
古腾堡发明了印刷机

1389年
瑞士联邦成立

1378—1417年
教会大分裂

1356年
普瓦捷战役

1385年
波兰和立陶宛联盟

1346年
克雷西战役

1345年
彼特拉克发现西塞罗写给阿提库斯的信

1529年
维也纳之围

1494—1559年
意大利战争

1492年
哥伦布到达西印度群岛

1453年
奥斯曼帝国占领君士坦丁堡

1440

1415年
阿金库尔战役

1320

1348—1350年
黑死病爆发

1545—1563年
特利腾大公会议

1560

1565年，马耳他大围攻

1562—1598年
法国宗教战争

1568—1648年
尼德兰革命

1649年
查理一世被处决

1700—1721年
大北方战争

1712年
俄罗斯首都从莫斯科迁至圣彼得堡

1680

1793年
路易十六被处决

1789年
法国大革命爆发

1783年
俄罗斯吞并克里米亚

1773年
耶稣修会被取缔

1571年
勒班陀战役

1604—1613年
俄罗斯"大动乱年代"

1683年
第二次维也纳之围

1688年
光荣革命

1701—1714年
西班牙王位继承战争

1740—1748年
奥地利王位继承战争

1772年
瑞典的古斯塔夫三世夺取更大权力

1773—1775年
俄罗斯普加乔夫起义

1588年
西班牙无敌舰队第一次远征

1685年
南特敕令被废除

1687年
牛顿出版了《数学原理》

1756—1763年
英法七年战争

1598年
南特敕令

1618—1648年
三十年战争

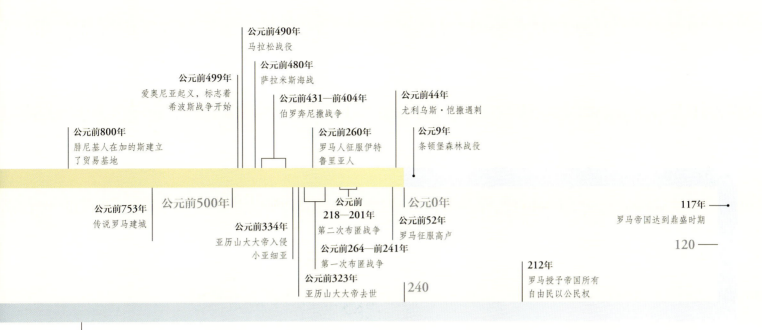

公元前490年 马拉松战役

公元前499年 爱奥尼亚起义，标志着希波斯战争开始

公元前480年 萨拉米斯海战

公元前431—前404年 伯罗奔尼撒战争

公元前44年 尤利乌斯·恺撒遇刺

公元前800年 腓尼基人在加的斯建立了贸易基地

公元前260年 罗马人征服伊特鲁里亚人

公元9年 条顿堡森林战役

公元前753年 传说罗马建城

公元前500年

公元前334年 亚历山大大帝入侵小亚细亚

公元前218—前201年 第二次布匿战争

公元0年

公元前52年 罗马征服高卢

117年 罗马帝国达到鼎盛时期

120

公元前264—前241年 第一次布匿战争

公元前323年 亚历山大大帝去世

240

212年 罗马授予帝国所有自由民以公民权

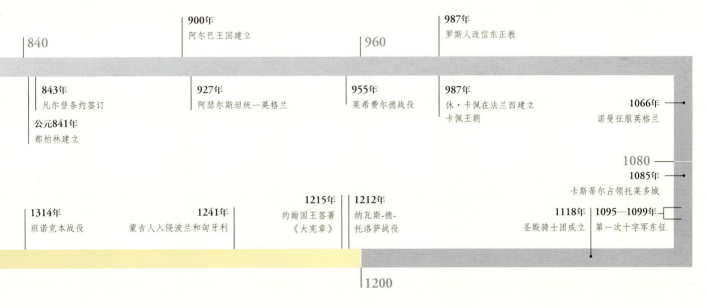

312年 君士坦丁大帝改信基督教

840

900年 阿尔巴王国建立

960

987年 罗斯人改信东正教

843年 凡尔登条约签订

公元841年 都柏林建立

927年 阿瑟尔斯坦统一英格兰

955年 莱希费尔德战役

987年 休·卡佩在法兰西建立卡佩王朝

1066年 诺曼征服英格兰

1080

1085年 卡斯蒂尔占领托莱多城

1314年 班诺克本战役

1241年 蒙古人入侵波兰和匈牙利

1215年 约翰国王签署《大宪章》

1212年 纳瓦斯-德-托洛萨战役

1118年 圣殿骑士团成立

1095—1099年 第一次十字军东征

1200

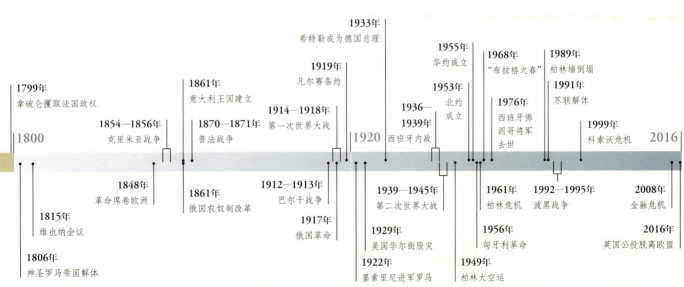

1933年 希特勒成为德国总理

1955年 华约成立

1968年 "布拉格之春"

1989年 柏林墙倒塌

1919年 凡尔赛条约

1953年 北约成立

1991年 苏联解体

1799年 拿破仑攫取法国政权

1861年 意大利王国建立

1914—1918年 第一次世界大战

1936—1939年 西班牙内战

1976年 西班牙佛朗哥将军去世

1999年 科索沃危机

1854—1856年 克里米亚战争

1870—1871年 普法战争

1800

1920

2016

1848年 革命席卷欧洲

1861年 俄国农奴制改革

1912—1913年 巴尔干战争

1939—1945年 第二次世界大战

1961年 柏林危机

1992—1995年 波黑战争

2008年 金融危机

1815年 维也纳会议

1917年 俄国革命

1929年 美国华尔街股灾

1956年 匈牙利革命

2016年 英国公投脱离欧盟

1806年 神圣罗马帝国解体

1922年 墨索里尼进军罗马

1949年 柏林大空运

第一章

欧洲文明
的
起源

第一章
欧洲文明的起源
人类出现——公元前 500 年

欧洲是一个相对较新的大陆，历经两万年的发展而形成。在欧洲大陆形成之前，它有着很长的地质史，其地层始于 46 亿年前的前寒武纪。在不同的时期，欧洲所在的地层被海洋或陆地都覆盖过，有着迥异的温度和植被，还或多或少有着火山形式的地质活动。在整个地质时期，欧洲深受地壳冷却后产生的大陆板块漂移的影响。

欧洲是劳亚古陆的一部分，劳亚古陆是一块包括北美在内的巨大大陆。大约 3 亿年前，它与巨大的位于南部的冈瓦纳古陆聚合成一块超级大陆——泛古大陆。约 2 亿至 1.8 亿年前，劳亚古陆和冈瓦纳古陆分裂，后来各自又进一步分裂。结果，欧亚大陆（欧洲与亚洲的联合大陆）脱离了北非，只剩下与非洲大陆一丝脆弱的联系。随后，欧亚大陆基本上是在目前的位置上形成的。从地理学的视角来看，欧亚大陆是关键因素，欧洲是亚洲的延伸。

欧洲的人类历史，或者说至少是有组织的人类生活的历史，是在地球气候变化的较短时间内形成的，最主要的影响来自冰河时代以及它们在公元前 10000 年左右的终结（最后一次冰川运动在公元前 18000 年左右达到顶峰）。在较小的范围内，随后的全球气候变化也很显著，如 14 世纪到 17 世纪的"小冰河期"。随着全球变暖及其对海平面的特殊影响，这种变化模式今天仍然存在。气候变化既意义深远，又不可预测。

左图：约 2 亿年前从冈瓦纳古陆（南部大陆）分离出来的史前劳亚大陆，包括欧洲、亚洲和北美。

前页：马耳他巨石神庙，建于公元前 3700—前 3200 年。

史前人类

新的考古发现和遗传学的广泛使用为我们呈现了这样的图景：欧洲大陆上的第一批人类比我们现今所知的来得更早，由此我们对人类迁移至欧洲的认知正在迅速改变。对 2017 年在希腊发现的 720 万年前的希腊灵长类古猿牙齿的分析表明，该骨骼与人属共有相同的先祖，他是一个潜在的人类祖先。2010 年在克里特岛发现的脚印是 570 万年前的遗迹，研究表明这是一种两足的原始人类留下的。

这段时期的欧洲海岸线与现代迥然相异，许多地中海岛屿与大陆相连，非洲和欧洲之间的区别并不像现在这样明显，自然环境条件（例如降水量）也不像现在这样差异显著。

有持续的证据表明，人类是为寻找食物而迁徙的。尽管这些证据是有限而模糊的，难以做到精确。气候条件是一个因素，这表明，大约在 22 万年至 19 万年前，人类从非洲迁移到欧洲。不同的原始人物种之间的竞争和冲突程度尚不清楚。智人的寿命正在延长，活动范围也在向外扩散。有证据表明尼安德特人和克鲁马努人共存，此乃现代智人的起源。1999 年，在里斯本附近发现了一具旧石器时代的骨骼，随之出土的有尼安德特人和克鲁马努人的遗物。DNA 分析表明现代人与尼安德特人的 DNA 存在某种杂交，但尼安德特人作为一个独特的物种走向灭亡了，只是人们对于这一过程的发生时间的判断还存在很大差异。

约公元前 16000 年，西西里岛和马耳他都与意大利相连，科西嘉岛与撒丁岛相连，伏尔加河下游三角洲的

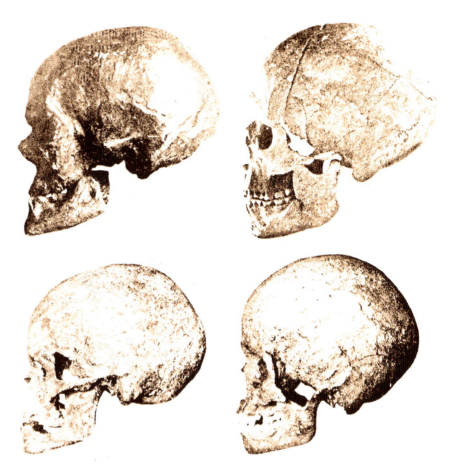

上图：1921 年利奥·韦利拍摄的克鲁马努人头骨。

大部分属于大里海的一部分。在最近的 1 万年里，欧洲的地质塑造始终在持续进行着，上个冰河时代末期时冰帽融化导致海平面上升，排放了大量的水，造成在此期间不列颠和欧陆之间的土地连接被破坏（约公元前 6500 年）。这个过程和先前的冰川作用都与冰的连续推进有关，每次前进后都会有一次退缩，这也极大地造就了欧洲大部分地区更为复杂的地表地质。冰的融化也导致了曾被冰帽往下压的地层向上运动。这个过程在苏格兰西北部等沿海地区上升的海岸线是显而易见的。

融雪汇成的大河冲刷出巨大的山谷，而沿其河道和末端的冰川留下了大量的岩石和沉积物，被称为冰碛。9000 年前，现在的波罗的海被一大片叫作安古罗斯湖的

水域所占据，这个湖与大西洋并不相通，而黑海直到公元前2500年才与地中海相连。气候与自然地理的结合产生出截然不同的效果：从北欧平坦、苔原般的冻土到西班牙南部炙热的高山，这就是现代欧洲疆域的地貌。

最后一个冰河时代结束后，森林与野生动物区向北迁移，狩猎采集者也随之迁移。林地为鹿及其他动物提供了庇护所，从而又吸引了猎人。人类对环境的适应迅速转变为对环境的塑造，尤其是在微观层面上，以此来适应居住、觅食，以及种植食物、狩猎和后来饲养动物的需要。这是历史的一个关键驱动力，这种塑造是由对资源和空间的需求驱动的，并且反过来又受到意识形态和对环境的理解所影响。

其后，人类散播到了欧洲的许多地方，包括不适宜居住的地区，如北大西洋（第一次定居法罗群岛大约在825年）、冰岛（874年），大约在15世纪20年代早期在马德拉岛定居（也有人说这个时间应该更早）。

早期的欧洲人学会了寻找食物来源，学会了猎杀、使用或控制动物，以及利用现有的资源建造庇护所。例如，用兽皮来做衣服，用兽皮覆盖的木杆搭起便携式帐篷等。大型动物，尤其是猛犸象，它们的骨头在乌克兰被用来搭建窝棚。

人类也试图建立信仰体系，帮助他们在时空中定位，并理解他们所处的世界和经历。

人们把有用的物品留待来日使用，将对称的概念用于工艺品，执行需要分工的任务。即使这段时期的实证资料有限，而且还受到风化、耕作和其他活动的影响，但还是有考古记录足以佐证的，如法国拉斯科、西班牙和其他地方著名的洞穴壁画。在葡萄牙科阿峡谷中的埃

左图：西班牙阿尔塔米拉洞窟中令人印象深刻的野牛壁画是早期人类艺术的例证。

斯库拉尔洞穴，保有约公元前15000年的洞窟壁画。早期人类艺术生活的其他重要证据还包括风格夸张的女性雕像，这在欧洲各地均有发现，可追溯至公元前25000年。这可能与当时的生育礼俗有关。

农业的诞生

从单纯的收割、研磨和储存野生谷物作为食物，到发展耕作，这是一个缓慢的过程。大约公元前10000年，中东地区开始有了耕种，但是在3000年后，才传到欧洲。欧洲大陆农业技术的广泛应用最早出现在约公元前7000年的希腊，当时第一个农业村庄出现了。公元前6000年，农业向北传播到了巴尔干半岛，向西越过亚得里亚海传入意大利南部。大约公元前5000年，欧洲波罗的海和北海南部的大部分地区已经出现农业，随后农业在这些地区发展起来。与此同时，狩猎、捕鱼（包括贝类的收集）和采集野生植物的活动也在继续进行。

农业产量的增加和农作工具如犁的发展，促使了森林的消减。农业技术一旦成熟，就会扩散传播，尽管有时速度缓慢，而且在欧洲也不存在埃及、伊拉克和中国那样的集约化灌溉农业。欧洲缺乏支持这种农业体系的组织结构，部分原因在于其统治更为简单、人口更少。虽然如此，像爱尔兰博因河谷遗迹群这种巨大而复杂的仪式中心，肯定花费了数十万工时才能建造完工。家畜——牛、猪、绵羊和山羊的驯养及传播带来了牛奶、羊毛和拉犁的畜力，随后出现了轮式车辆。

随着定居点的固定，人类在一个地方居住经年的存世证据越来越多。例如，大约公元前5000年，葡萄牙塔古斯山谷（塔霍河下游）的高地就有人类定居地的存在。渐渐地，这些定居地不仅仅只是栖息地，其所承载的内涵更为复杂，诸如新石

下图：创作于约公元前25000年的维伦多夫维纳斯雕像，是早期夸张艺术风格的范例，很可能是生育力的象征。

上图：位于爱尔兰博因河谷的新石器时代遗迹群，需要有高度的组织能力才能完成。

器时代（约公元前 4000—前 2000 年）的欧洲所建造的"堤道"营地、礼制建筑和墓室等，可以体现这种复杂性。殡葬中心是社会生活、代际联系、风俗习惯乃至祖先崇拜的重要组成部分，在整个欧洲都显得非常重要。

　　虽然定居点的建立是农业发展的关键，但它并没有涵括与农业诞生有关的所有变化。比如，在欧亚大草原（今欧洲俄罗斯境内）上，出现了一种相对流动性的文化，这种文化是与逐水草而居的季节性迁徙息息相关的。

葡萄牙巨石遗存

　　石冢是一种单室的巨石墓葬，目前在欧洲大部分地区仍然可以看到。其中最大的石冢是位于葡萄牙埃武拉附近的赞布雅尔巨石墓穴（该石冢靠近一个远古的由 95 块花岗岩巨石组成的椭圆形巨石阵——阿尔蒙德雷斯环形石阵）。考古学家认为它是在公元前 4000—前 3000 年建造的。里斯本周边地区也有巨石墓室。石头遗迹提供了良好的考古证据，不像用木头或泥土建造的建筑。这样的墓葬是当时社会的产物，除此之外，当时没有留下足够的证据证明存在着其他更广泛的人类活动。

上图：葡萄牙环形石阵的花岗岩巨石，建于公元前 4000—前 3000 年。

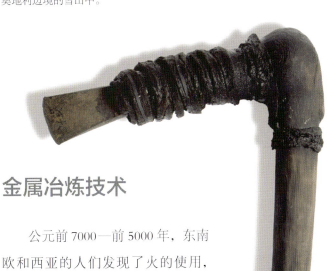

金属冶炼技术

公元前 7000—前 5000 年，东南欧和西亚的人们发现了火的使用，使用火的意外收获是：高温可以分离矿石中的金属。低温可熔的软金属首先被使用，这就解释了为什么铜在铁之前成为冶金技术的基础原料。漫长的石器时代开始被依次承继的金属时代取而代之。金属能发挥出比石头更强的效力，特别是因为它们具有更强的穿透力和更大的重量，这是在肉搏战中获胜的关键条件。同时它们的体积也比同等重量的石头小，更易于使用和移动，这一点对于当时的人们徒步行进和步行作战来说也是极为重要的。

然而，革命性的变化并没有发生。相反，燧石工具（包括装有木柄或骨柄的燧石武器）与铜器、铜器与青铜器、青铜器与铁器之间，存在着大量重叠使用的情况，而不是一种技术突然被另一种技术完全取代。"奥茨"是一具公元前 5000 年左右的尸体，被发现冰封于欧洲

防御工事的发展

考古调查持续为青铜时代的社会本质和活动范围提供新的证据。例如 2012—2013 年，在西班牙东南部的拉瓦斯蒂达发现了复杂的青铜时代防御工事。其中包括入口通道两侧的砖墙，以及五座坚固而突出的方形塔楼，塔楼坐落在精心准备的地基上，以防从陡峭的山坡上塌陷滑落下来，这是相当了不起的壮举。此外还有一个蓄水池。在铁器时代，山丘堡垒数量有所增加，而其中大部分可能是避难所或可以储存食物的防御点。山顶之间彼此可见，人们可以互通消息。

阿尔卑斯山上的冰层之中，他随身带有一把铜斧头、一把燧石刀、一副用燧石打造箭头的弓箭。而且他也是被类似的武器打死或打伤的。

金属武器通常出现在更复杂的社会里。当金属加工开始需要收集不同的原料，从而需要贸易和融资能力时，情况尤为如此。随着制作农业工具和斧头所需的燧石被开采和交换，贸易得到了发展。盐和琥珀也是长途贸易的重要商品。相比洪水容易泛滥的低地，海岸、河流和山道沿途的商业活动尤为重要。个人墓葬中有着丰富的陪葬品（有些是贸易带来的），表明社会分层程度更高。这也是社会更为复杂的一个标志。

铜器时代（约公元前 4500—前 2200 年）之后是青铜时代（约公元前 2200—前 800 年）。作为一种比铜更硬的铜合金，青铜可以在更大的压力下保持形状，因此更适合制作工具和武器。青铜不仅取代了铜，也取代了更难塑形的硬石和燧石。制造青铜需要铜，而铜通常需要从外输入，比如从撒丁岛运输到希腊。锡也是如此。对锡的追求包括西班牙、葡萄牙、法国西部以及不列颠在内的大西洋沿岸人们带来了利益。腓尼基人于公元前

800 年左右在加迪尔（加的斯）发展了一个贸易基地，并从此地开始，在葡萄牙建立了包括阿布、阿尔卡塞尔、塔维拉和马里姆堡在内的一系列贸易基地。希腊人紧随其后。腓尼基人和希腊人都为地中海带来了商品，包括葡萄酒和纺织品。贸易也成为技术和文化交流的手段。

这是一个涉及多个领域的发展进程。青铜的熔炼比使用燧石要复杂得多。除了贸易，农业也随着人口的增长而发展，特别是从公元前第二个千年开始，土地的边界和后来的田地也被规划出来。

青铜时代之后，在整个铁器时代，铁的冶炼和锻造技术持续从西亚传到了欧洲。传播时间在欧洲各地各不相同。在爱琴海，它开始于约公元前 1190 年，在北欧却直到约公元前 500 年才开始。大约在公元前 1000 年，铁器的生产在中欧发展起来，并传遍整个欧洲，在公元前 8 世纪时传至不列颠。铁锄和铁钉的使用令农业和建筑变得更灵活简单。边远地区越来越多的树木被砍伐，耕地逐渐变多。铁的使用使得马拉的货车更加耐用持久，使得武器更加强硬有力，尤其是当加入碳来生产钢的时候。

文字的诞生

通过图形表达语言的方式在世界各地发展得各不相同，在象形文字（图像书写）和字母文字之间形成了独特的差异。语言文字在数字文字之后出现，可能在公元前 3100 年左右的苏美尔（美索不达米亚）和埃及就存在了。文字从那里传到欧洲，最初传到希腊。腓尼基字母的变体又从希腊传至现在的意大利大陆以西。意大利的数字系统也深受希腊的影响。

原始文字和真正的文字是有区别的，很明显，文字的发明是一个循序渐进的过程，就像许多其他的发明一样。书面符号逐渐代表声音或概念，使得信息的保留和传播成为可能，因此这些符号可以用来编纂法规。这一时期最著名的文字是用来书写迈锡尼希腊语的"B 类线形文字"。这种最古老的文字可以追溯至公元前 1450 年左右，是由"A 类线形文字"演变而来的。"A 类线形文字"是一种更古老的、尚未破译的文字，用于指代公元前 2500 年到公元前 1450 年的米诺斯语言，它与公元前 2100 年到公元前 1700 年的克里特象形文字一起使用。随着迈锡尼文明的衰落，"B 类线形文字"不复存在，文字的证据也中断了。直到希腊人采用并改编了腓尼基字母表，才继续出现书面符号发展的证据。

下图：一块公元前 15 世纪的米诺斯泥板，上面刻有 B 类线形文字。

右图：这是一幅创作于公元前13世纪的迈锡尼卫城女子形象的壁画，暗示着迈锡尼社会的精绝优雅。

迈锡尼文明和米诺斯文明

在青铜时代的欧洲，有两个社会遥遥领先——克里特岛的米诺斯文明和希腊的迈锡尼文明。当商人们把货物从意大利运到希腊，再运到阿尔卑斯山以外的欧洲和西班牙时，最著名的一些人类聚落在地中海沿岸逐渐发展起来了。

克里特米诺斯文明是一个以宫殿为基础的社会，约公元前2000年出现在克里特岛，其名字源自传说中的一位国王米诺斯。但这个文明在公元前1450年的一场火山爆发中突然灭绝。如今，克诺索斯王宫的大量遗迹，以其复杂的建筑和精细的壁画，昭示了创造它的社会的成熟程度。

迈锡尼城是位于阿尔戈斯和柯林斯两个重要港口之间的战略要地。在公元前1550年左右，它就已经成为希腊半岛的主要势力。这座城市本身既是宫殿又是堡垒，在其鼎盛时期容纳了3万居民。新的定居点由此处扩散到希腊各地。为其首领精心准备的葬礼只代表了迈锡尼人创造的财富的一部分。在贸易、掠夺和农业的推动下，迈锡尼的希腊人发展出了一种书面语言、一种复杂的经济和新的艺术风格，这些组成了其后的古典社会的重要前身。

迈锡尼社会主要由武士精英统治农民，这种情况在整个欧洲更为普遍。这个社会像欧洲的其他地区一样也

上图：迈锡尼狮子门是公元前1550—前1100年间统治地中海地区的强大文明遗留下来的唯一雕塑。

有奴隶，但他们的地位尚不清楚。在公元前1600年克里特米诺斯文明的"B类线形文字"泥版文献中，提到了在克里特岛的克诺索斯和伯罗奔尼撒半岛的迈锡尼遗址皮洛斯，都存在"doeros"和"doera"，但这两个单词是否分别指称"男奴隶"和"女奴隶"尚不清楚。有些地方这两个术语被看成活人的财产，但在另外的地方，特别是在皮洛斯，这两个术语被描述为属于神或女神的财产，地位不同于其他奴隶，因为他们可以租赁土地，似乎过着像普通自由人一样的生活。

迈锡尼文明和米诺斯文明与其外的广阔世界的互动重点面向南方和东方，着眼于黎凡特、美索不达米亚和北

诸神与怪物

迈锡尼时期的希腊之所以声名远扬，部分是因为荷马的著作，他采用了希腊的历史，尤其是特洛伊之围的传奇故事，作为他的伟大史诗《伊利亚特》的基础。荷马在《伊利亚特》和《奥德赛》中都以反复无常的神和神话中的生物为主角，如鹰身女妖、狮身人面怪斯芬克斯和独眼巨人波吕斐摩斯等，并将人类描绘成只是在这个世界上争权夺利的众多力量之一。

非的发达文明。考古发现表明，他们与亚述人、埃及人、腓尼基人和米塔尼人有过接触。他们与意大利南部地区的贸易往来也很普遍。然而，克里特岛与安纳托利亚的赫梯人——这个内陆向的社会——之间的互动似乎较为有限。

迈锡尼文明在公元前 1100 年走向灭亡，可能是由于"海洋民族"的入侵。这是一个混沌的时期和过程，入侵者的身份和起源尤为模糊不清。更为广泛的文明崩溃发生在公元前 12 世纪左右的地中海东部地区。强大的文明，诸如赫梯帝国（位于今天的土耳其地区）和叙利亚、迦南的主要城市崩溃了。这些危机可能是由入侵、内部叛乱和火山爆发等环境灾难共同引发的，并导致了国际贸易的大规模中断和国家等级制度的广泛破坏。

青铜时代的末期伴随着剧烈的动乱，之后的时期被称为希腊黑暗时代。直到 500 多年后，欧洲才出现了力量和威望堪比迈锡尼文明的另一种文明，而这是由希腊文化的复兴所造就的。

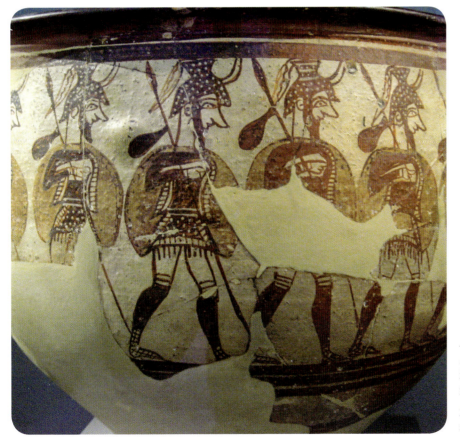

上图：一座来自撒丁岛努拉吉文化的青铜雕像，人们推测努拉吉人是神秘的"海上民族"之一，这些神秘的"海上民族"导致了公元前 12 世纪末期一系列的动乱。

左图：一个 12 世纪的花瓶上描绘了迈锡尼武士行军迈向战场的情形。

古典世界

古典世界
约公元前 500—公元 500 年

对于现代欧洲来说，古典世界的历史遗产比史前时期留下的遗产更为显著。并不是所有的古典世界都留下了持久的影响，真正做到这一点的是希腊和罗马。早期，与埃及和中东的帝国相比，它们的力量微不足道。但希腊人，乃至罗马人，相继成为西方文明发展的驱动力。西方文明向希腊和罗马看齐，而不是向美索不达米亚或埃及看齐，这对欧洲文化的谱系传承和身份认同很重要。

古希腊与波斯来袭

迈锡尼时代的希腊和后来的希腊之间的关联尚不明朗。从公元前 1100 年到公元前 8 世纪是一个"黑暗时代"。关于这一时期的考古证据有限，然而，公元前 8 世纪的文字重塑与城邦的崛起有关，尤其关联着希腊世界的城邦，但也与意大利北部和中部的伊特鲁里亚人有关。

城邦是在内陆地区占主导地位的独立城市，其重要性各不相同。从公元前 480 年开始，斯巴达和科林斯是希腊的关键角色，雅典也是如此，雅典以其丰富的银矿作为基础，打造了一支庞大的舰队。贸易对城邦的生活至关重要，尤其是在食物产区以及更远的区域。公民组成的军团是这些城邦的军事力量。由公民充任的"重装甲步兵"军团（在步兵的对阵战中，以密集方阵出战，同时保持高度纪律的武装力量）有助于迅速解决城邦之间的争端，从而恢复农业生活。

公元前 6 世纪建立的幅员辽阔的波斯帝国打造了强大的海军，并将其部署为爱琴海的主要力量。公元前 546—前 545 年，波斯人占领了爱琴海东岸的

右图：科林斯城邦是古希腊世界最富有、最强大的角色之一。

左图：斯巴达战士的祈祷雕像。那个时代的希腊军队依靠被称为"重装甲步兵"的公民兵来打仗。

前页：古罗马斗兽场，建于公元 72 年—80 年。

希波战争时期的希腊城邦
公元前 500 年 — 公元前 480 年

色雷斯

亚得里亚海

马其顿王国

薛西斯运河

波斯帝国

爱琴海

塞莫皮莱
(480 BCE)

马拉松
490 (BCE)
萨拉米斯
480 (BCE)
雅典

科林斯

斯巴达

罗德岛

⊗ 主要战役
反抗波斯的希腊势力
希腊的中立城邦
波斯帝国
波斯附庸邦
爱奥尼亚起义邦
爱奥尼亚起义
马多尼乌斯
阿塔菲尼斯/达提斯
薛西斯/马多尼乌斯

爱奥尼亚地区的希腊城市，并在公元前 499 年，开始镇压那里的叛乱，直至公元前 494 年彻底镇压叛乱之后，转而直面希腊本土。此时波斯人已经是巴尔干半岛的主要力量。大流士一世（公元前 522—前 486 年在位）是一个积极的扩张主义者，在公元前 513 年入侵色雷斯，征服了多瑙河以南的土地，即现在的保加利亚海岸附近。在横渡多瑙河时，他发现斯基泰人是一个更加艰巨的挑战，因为他们使用了游牧战争的经典技巧，回避正面冲突，代之以破坏食物和水井的战法。大流士于是撤退，然后转向西南方向推进，占领了爱琴海北部海岸的希腊城市，使马其顿王国成为其附属国。

作为对爱奥尼亚起义的回应，大流士决定惩罚对起义提供支持的雅典和埃雷特里亚（埃维亚岛上）。公元前 490 年，一支水陆两栖部队在阿提卡大区（这一地区包括雅典在内）的马拉松登陆之前摧毁了埃雷特里亚。然而，雅典人迅速还击，打败了这支军队。马拉松战役从而成为对雅典人的特殊命运至关重要的战役。

上图：爱琴海成为波斯帝国和许多希腊城邦之间史诗级的斗争之中心。艰苦卓绝的战役确立了双方的边界，也在后来的欧洲和东方帝国之间造成了持久的紧张关系。亚历山大大帝不得不应对这个挑战。

公元前 480 年，一支强大的波斯军队在薛西斯王的带领下，通过一座浮桥，越过了赫勒斯滂海峡（达达尼尔海峡），向南进入希腊。这场战役对欧洲的命运至关重要。早在公元前 525 年，冈比西斯二世率领波斯人征服了埃及，就已经表明没有像样的阻碍限制其帝国疆域的扩张。随着对爱奥尼亚的征服，也证明了大陆的地理概念并不能限定政治实体及其边界。这一点在公元前 480 年得到了更清楚的证明，其时许多希腊城邦保持中立（色萨利和维奥蒂亚都与薛西斯结盟）。雅典随之成为伯罗奔尼撒以北的主要抵抗力量。他们试图守住温泉关，以抵御波斯人的进攻，但遭到波斯人的侧翼包围。希腊人撤退后，留下了一支由斯巴达人组成的小规模后卫队，这支后卫队以战斗至死而闻名。

波斯人攻占了雅典，但在公元前 480 年的萨拉米斯战役中，雅典人使用了一种特别有效的"三列桨战船"，击败了波斯海军。在萨拉米斯战役之后，薛西斯带领部分军队返回亚洲，把他的女婿马多尼乌斯和其余军队留在了

下图：公元前 2 世纪打造的一座关于马拉松战役的装饰浮雕。马拉松战役的获胜，是雅典对抗波斯入侵者所取得的最伟大的胜利之一，被视为希波战争的转折点。

古希腊战争列表

⊗ 公元前 499—前 479 年，希波战争

⊗ 公元前 499 年，爱奥尼亚起义

⊗ 公元前 490 年，马拉松之战

⊗ 公元前 480 年，温泉关战役

⊗ 公元前 480 年，萨拉米斯战役

⊗ 公元前 479 年，波斯军队败于普拉
　　提亚

⊗ 公元前 431—前 404 年，伯罗奔尼
　　撒战争

⊗ 公元前 415—前 413 年，雅典远征
　　西西里

⊗ 公元前 371 年，底比斯在留克特拉
　　战役中击败斯巴达

⊗ 公元前 359—前 336 年，马其顿腓
　　力二世统治时期

⊗ 公元前 357 年，马其顿打败了伊利
　　里亚人

⊗ 公元前 353，马其顿入侵色萨利

⊗ 公元前 337 年，科林斯同盟建立

⊗ 公元前 336 年，腓力二世被刺，亚
　　历山大大帝加冕

⊗ 公元前 333 年，伊苏斯之战

⊗ 公元前 331 年，高加米拉战役

⊗ 公元前 323 年，亚历山大大帝去世

左图： 公元前 5 世纪的大部分时间，雅典城邦都在与对手斯巴达城邦竞争。

希腊。公元前 479 年，波斯军队在普拉提亚被雅典、科林斯和斯巴达等地组成的希腊城邦联盟打败，波斯舰队也在米卡勒岬被希腊人击溃。结果，波斯人失去了他们前一年获得的对希腊地区的控制权。随后波斯人撤退到小亚细亚，希腊人把他们从色雷斯、赫勒斯滂海峡和爱奥尼亚赶了出去。

在这些冲突之后，斯巴达和雅典这两个强大的城市各自组建了城市联盟。雅典人领导着提洛联盟，该联盟

建立于公元前 478 年，其金库位于提洛岛上。即便如此，斯巴达和雅典也无法将这些联盟转变为持久的帝国，这两个联盟体系之间的竞争导致了伯罗奔尼撒战争（公元前 431—前 404 年）。多年来任何一方都无法占上风，因为斯巴达在陆地上占优势，而雅典在海上占优势。斯巴达军队向雅典挺进，但雅典人坚守不出。然而，公元前 415 年，雅典不明智地派遣了一支远征军攻打西西里岛的叙拉古。公元前 413 年，雅典战败，最终投降。修昔底

德在世界最早的重要历史著作之一——《伯罗奔尼撒战争史》中叙述了这场冲突。

雅典战败后，希腊继续分裂。斯巴达是当时的主要力量，直至公元前 371 年在留克特拉被底比斯城邦的军队击败。公元前 338 年，在喀罗尼亚战败后，分裂的希腊城邦的自治权落入了新兴帝国马其顿手中。希腊北部的马其顿，是希腊世界的一部分，就像西北部的伊庇鲁斯王国一样，被许多希腊人视为蛮族。与古典希腊不同，马其顿是一个王国，而不是城邦。马其顿的腓力二世（约公元前 359—前 336 年在位）是马其顿崛起的关键人物。他的军事技能至关重要：他致力于改造军队，特别是在步兵方阵中引入了"萨里沙"长枪（或者说一种超级长矛）。经过长期的战斗，腓力击败了伊利里亚人（公元前 357 年），而雅典人试图控制希腊北部海岸线（公元前 359—前 354 年）。公元前 353—前 352 年，腓力入侵色萨利，并在向希腊南部和向北、向西的推进，尤其是抵抗色雷斯人对今保加利亚疆域的入侵（公元前 342 年）这三者之间权衡，准确投入力量。公元前 338 年 8 月 2 日在喀罗尼亚取得胜利后，腓力创立并领导了一个希腊城邦联盟——科林斯联盟。这是为进击波斯而设计的，其后腓力的儿子亚历山大贯彻实施了对波斯的入侵。

与此同时，希腊发展了囊括各种不同的政府体系的重要政治组织模式。如同希腊文化是一个整体，这

些组织模式也都是以城市生活为基础的。城邦，或自治城市，是其关键的组成单位。著名的希腊哲学家亚里士多德（公元前 384—前 322 年）认为，在城邦中追求公共文化和美德是可能的。作为其身份的表征，希腊城市建造了令人印象深刻的公共建筑，如始建于公元前 448 年的雅典帕特农神庙。

许多城市都处于独裁者统治之下，这些人被称为暴君。斯巴达是一个高度军事化的社会，有国王，但国王的权力是有限的。其他城市，尤其是雅典，依靠的是由成年男性自由民投票产生的民主，这也成为其后的罗马共和国的统治模式。虽然选民人数相对较多，但妇女和奴隶都没有投票权。乡村处于城市的控制之下，乡村生活被认为是不文明的。城邦之间的差异和不团结，正好符合了希腊人对他们争吵不休的神祇的描述。

希腊文化的多样化和复杂性，很容易从奴隶制和戏剧的对比中得到说明，戏剧作家埃斯库罗斯、欧里庇德斯和索福克勒斯与此息息相关。这些作家开发了人物塑造，表现出惊人的创新能力，并超越了戏剧的宗教功用。其他重要的文化建设包括建筑和雕塑，两者都产生了深远的影响，并在西方的自我意象中成为关键的组成元素。希腊建筑立足于宗教，主要的庙宇都是用石头建造的，现存的石庙有雅典的帕特农神庙和西西里岛阿格里真托的康考迪亚神庙等。大理石雕塑则生动地再现了人的形象。

自公元前 9 世纪到前 480 年，希

大希腊（古希腊殖民地）

希腊移民并不局限于今希腊和今土耳其的爱琴海海岸。西西里海沿岸（公元前734年起）和意大利南部建立了一批大希腊（希腊殖民区）的独立城邦。这些迁徙者可能是因为希腊人口过剩，也可能是在寻找新的机会，这一过程与其后维京人的迁徙非常不同。城邦向西传播了希腊文化，反映了海上商业联系的重要性。一些城市的遗址，尤其是西西里岛的阿格里真托、塞杰斯塔、塞利努斯和叙拉古，以及意大利南部的帕埃斯图姆、梅塔蓬托和波利科罗，仍然令人震撼。与这些殖民地相比，罗马一定显得相当原始。尽管如此，罗马在公元前250年就征服了意大利南部，接着又征服了希腊和建于公元前600年的希腊城邦马赛。由此，希腊商业网络成为罗马世界的一部分。

上图：位于意大利南部西海岸的帕埃斯图姆的两座赫拉神庙，是大希腊的一部分。

腊的影响力随着殖民地的建立而扩大。这反映在它的海上联系，从公元前7世纪起至前480年期间遍布黑海周围，同时在公元前9世纪到公元前480年这段时间内向地中海西部发展。始建于前660年左右的拜占庭古城（今天的伊斯坦布尔），就是守卫黑海到爱琴海航线的众多殖民地之一。而在内陆地区并无类似的殖民模式，如没有发现古希腊人在罗纳河、多瑙河和第聂伯河沿岸的殖民活动，这恰与后来的维京人沿着俄罗斯河流的殖民和定居活动形成对比。

希腊人通过他们的沿海殖民地交易金属制品等货物，切实影响到了诸如俄罗斯南部的斯基泰人等内陆人，这些商品的流通路径在墓穴遗迹中被记录下来，尤其是6世纪的凯尔特人和斯基泰人的坟墓。作为回报，希腊人获得了食物和琥珀等原材料，如雅典人开始依赖来自黑海的谷物。

亚历山大大帝的影响

公元前356年，亚历山大大帝诞生了。他的父亲，马其顿的腓力二世统一了希腊城邦，并在地中海建立了一支强大的武装力量。在腓力于公元前336年被暗杀后，亚历山大继位，他决心使父亲的成就发扬光大。其时希腊人面临的最大威胁仍然是波斯帝国。为了求得安全，亚历山大于公元前334年入侵小亚细亚（今土耳其），并在伊苏斯（公元前333年）战胜了一支更强大的军队。其后他趁胜转而向南征服叙利亚和埃及，然后向东，在今属伊拉克的高加米拉（公元前331年）击溃了大流士，进而通过今伊朗和阿富汗挺进印度。亚历山大大帝于公元前323年死于巴比伦，年仅32岁。

在希腊化时期，亚历山大的继任者是一批争战不休的军事将领。始于公元前321年的争斗产生出一系列的敌对王国，包括马其顿（公元前306年至公元前168年由安提冈尼王朝统治）、埃及（由托勒密王朝统治）、叙利亚、伊拉克、波斯和土耳其南部（由塞琉西王朝统治）等。

由于亚历山大推翻了波斯帝国，希腊不再受到来自东方的威胁。相反，就像在埃及的传播一样，希腊文化还传入了广大亚洲地区。在这一点上，考虑"欧洲"或它的边界线是无益的。

马其顿对希腊的统治很快就受到了独立的希腊城邦的挑战，其中一些城邦建立了联盟，如埃托利亚联盟和亚该亚联盟，后者在公元前243年占领了科林斯。雅典和斯巴达也属于独立城邦，但马其顿仍然是主要强国。希腊的分裂为罗马的介入提供了机会，甚至为其后公元

前148—前146年的罗马征服提供了机遇。这种征服在公元前146年对被占领的科林斯的野蛮洗劫中表现得最为明显。

伊特鲁里亚人

在罗马崛起于意大利半岛之前，伊特鲁里亚人是当地最强大的力量。伊特鲁里亚人实际上生活在一个城市国家的联盟中，这个联盟以今天的托斯卡纳为基础，位于意大利中部北部，这个地区当时被称为伊特鲁里亚。公元前7世纪时，他们开始在意大利中部占据统治地位，大约在公元前530年势力达到极盛，扩张到了波河流域。同时伊特鲁里亚人也在那不勒斯附近的坎帕尼亚安顿了

下图：一幅马赛克镶嵌画，描绘了亚历山大大帝（左）在公元前333年伊苏斯战役中与大流士一世作战的图景。

下来。除了农业，伊特鲁里亚人还开采铜矿和铁矿。当初的罗马人非常依赖伊特鲁里亚人卓越的铸铁、建造拱门和制作肖像的技术。他们的墓室和墓画让人震撼，但由于缺乏文献记载，其文明显得模糊不清。早期的欧洲历史大都如此。

公元前524年，伊特鲁里亚人在那不勒斯附近的希腊城市库迈被驱逐。然而，罗马才是他们的死敌。公元前396年，伊特鲁里亚联盟中12个城邦之一的维伊被罗马占领。罗马人在公元前350年征服了伊特鲁里亚南部，在公元前260年征服了整个伊特鲁里亚。后来伊特鲁里亚人的语言和文化湮没了，并被罗马人吸收。

上图：公元前450年左右的"豹子侧身行走像"是位于意大利塔奎尼亚以东的伊特鲁里亚人蒙特罗齐大墓地的一部分。

右图：一幅公元前4世纪创作的关于萨谟奈士兵的壁画。萨谟奈人来自意大利中南部的山区，在公元前290年被罗马人击败。

罗马早期历史

据传，公元前 753 年，一对被遗弃的双胞胎兄弟罗穆卢斯和雷穆斯被一只母狼所救并哺育长大，他们建立了罗马。这种关于罗马起源的叙述，与其说是准确的历史，不如说是一个有用的传说。事实上，至少在此前的一个世纪，罗马可能还只是一个村庄。建城后的罗马一直由国王统治，直到罗马贵族指控末代国王塔尔坎为残暴的压迫者，将他流放出罗马，贵族们随即于公元前 509 年创立了罗马共和国。从那时开始，罗马人的战争终于从生存之战转变为扩张战争。

与此同时，事实证明罗马人善于通过授予公民身份、争取盟友和建立罗马公民的殖民地来巩固自己的扩张成果。公元前 338 年，当一系列战争冲突结束时，罗马已经成为意大利或者说拉丁地区各个城邦中最强大的势力，他们继续进攻，击败并压制意大利中部的其他民族，

尤其是萨谟奈人。经过公元前343—前341年、公元前326—前304年、公元前298—前290年的三次战役之后，罗马人终于在公元前290年击败了萨谟奈人。通过建立拉丁公民的殖民统治，这些战争的成果得到了巩固。

最终，罗马通过长期不屈不挠的战争统一了意大利半岛。这一系列战争包括对抗北方凯尔特人的来袭，以及抵御公元前280年希腊伊庇鲁斯国王皮拉斯的入侵。皮拉斯的进击代表了希腊在意大利的殖民活动。皮拉斯是一位卓越的军事将领，他的军队中有大象。起初他所向披靡，最终却在公元前275年被罗马击败，因此他退回到伊庇鲁斯。皮拉斯（公元前307—前272年在位）的统治再次证明了，海洋（此处指亚得里亚海），被古代欧洲人视为势力和活动的媒介，而不是扩张的障碍。公

元前224—前222年，意大利北部的凯尔特人被罗马人击败，随后叛乱亦被平定。罗马人在公元前125—前121年向南高卢（法国）挺进。这一军事行动也证明了，山脉（此处指阿尔卑斯山脉）和海洋一样，也并不被视为扩张的界限。罗马是意大利的斯巴达：勇武好战，并根据这个标准挑选他们的首领。尤利乌斯·恺撒就是这个社会的产物。

布匿战争

在三次布匿战争中，罗马取得了对迦太基的连续胜

下图：公元前202年，在扎马战役中，罗马将军西庇阿击败了汉尼拔的军队，结束了第二次布匿战争。

利，成为一个强大的帝国。迦太基位于如今的突尼斯附近，统治着撒丁岛、西西里岛、西班牙南部和东部的部分地区以及现代突尼斯的大部分地区。迦太基帝国的疆域范围体现了当时欧洲的分散程度，当然也不是一个由地理所界定的整体。希腊人在爱奥尼亚（土耳其的爱琴海海岸）的殖民和罗马人的扩张也显示了同样的情况。相反，边界最终会出现，而且只是作为战争和殖民的结果。

第一次布匿战争（公元前 264—前 241 年）的焦点是西西里岛的控制权，像欧洲其他大部分地区一样，西西里岛是一个地理单元，而不是一个政治单元。罗马人经历了艰苦作战之后赢得了胜利，在这场战役中，他们不得不学会如何按照一支海洋强权军事力量的方法来开展战争。公元前 256 年，罗马在一场重要战役——埃克诺穆斯角海战中获胜。西西里岛成为罗马的主要粮食来源（可靠的粮食来源是稳定和权力的关键，也是力量的体现）。这场战争之后，罗马还获得了撒丁岛的控制权。因此，第一次布匿战争使罗马在意大利大陆的统治地位更加突显。

第二次布匿战争（公元前 218—前 201 年）因迦太基将军汉尼拔（公元前 247—前 183 年）的神奇行军而闻名于世，汉尼拔率领军队从西班牙横穿法国南部，翻越阿尔卑斯山，突袭意大利。尽管汉尼拔取得了辉煌的胜利（特别是在公元前 216 年的坎尼战役中，他的军队造成了罗马军队 5 万人伤亡），但他无法将罗马从战争中击垮。罗马人转而向北非开战，迫使迦太基投降。

罗马的胜利确立了它在地中海西部的统治地位，包括西班牙东部和南部，都成为罗马帝国重要的矿产和食物来源地。从此以后，罗马不再面对广泛的对手，这意味着它更有能力按照轻重缓急并调度资源来对付对手，从而决定战略节奏。

共和政体的终结

击败汉尼拔后，罗马人继续前进。公元 30 年，罗马控制了东地中海、埃及、高卢（法兰西）和西班牙，随后在公元 100 年控制了不列颠和巴尔干半岛的大部分地区，特别是在公元 45 年吞并了色雷斯。埃及是罗马的主要粮食来源。尤利乌斯·恺撒是自公元前 58 年开始的高卢征服之战的关键人物，最引人注目的是公元前 52 年，他在山顶小镇阿莱西亚成功地包围了凯尔特部落首领维钦托利，打败了他的主要对手。恺撒的《高卢战记》是了解罗马军事史的主要资料来源。

然而，这一过程，包括凯撒征服高卢，都绝非易事。例如，在伊比利亚，罗马人发现推翻如迦太基之类的异域帝国，与征

左图：尤利乌斯·恺撒在公元前 1 世纪领兵征服了高卢，他的著作成为了解罗马军事史的重要来源。

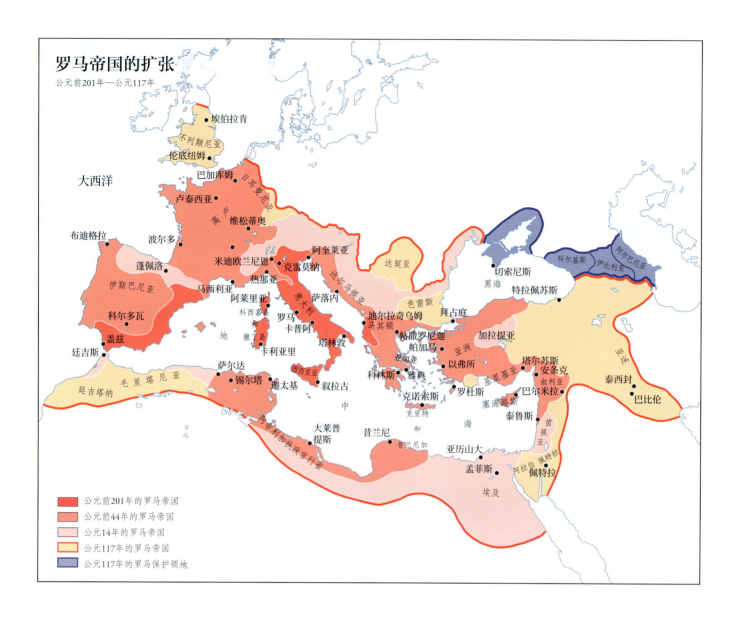

罗马帝国的扩张

公元前201年—公元117年

大西洋

埃伯拉肯

不列颠尼亚

伦底纽姆

巴加库姆

日耳曼尼亚

卢泰西亚

高卢

维松蒂奥

布迪格拉

波尔多

阿奎莱亚

达契亚

切索尼斯

科尔基斯

阿尔巴尼亚

伊比利亚

蓬佩洛

米迪欧兰尼恩

克雷莫纳

达尔马提亚

黑海

特拉佩苏斯

伊斯巴尼亚

马西利亚

热那亚

撒丁岛

意大利

萨落内

色雷斯

拜占庭

亚洲

科尔多瓦

科西嘉岛

罗马

迪尔拉奇乌姆

马其顿

帕加马

加拉提亚

塔尔苏斯

安条克

盖兹

卡普阿

塔林敦

帕加马

以弗所

叙利亚

泰西封

廷吉斯

萨尔达

卡利亚里

科林斯

基里基亚

巴尔米拉

巴比伦

毛里塔尼亚

锡尔塔

迦太基

西西里岛

叙拉古

雅典

罗杜斯

塞浦路斯

泰鲁斯

廷吉塔纳

克里特

克诺索斯

地　中　海

茵提亚

阿非利加执政官行省

大莱普提斯

昔兰尼

昔兰尼加

亚历山大

阿拉伯

佩特拉

孟菲斯

埃及

公元前201年的罗马帝国

公元前44年的罗马帝国

公元14年的罗马帝国

公元117年的罗马帝国

公元117年的罗马保护领地

服伊比利亚的其他地方有很大的不同。迦太基在受到攻击时更为脆弱，他们的人口更集中于城市，尤其是港口，对这些地方易于包围，资源可以集中用于攻击。但在伊比利亚其他地区，目标要分散得多，这可以用来解释为何罗马人花了很长时间才征服了西班牙和葡萄牙，那里的抵抗一直持续到公元前17年。

可供替代的人力物力也很重要，特别是与马其顿的一系列战争（公元前214—前205年，公元前200—前197年，公元前171—前168年，公元前150—前148年）使罗马控制了马其顿和希腊，但消耗了罗马的大部分精力，直到公元前148年才得以解脱。罗马人在库诺斯克

上图：以前的欧洲没有一个帝国以如此规模存在，罗马帝国证明了其持久的文化影响和长期的政治遗产。与此同时，扩张成果来之不易，帝国的维持需要持续的警惕。

法莱（公元前197年），尤其是皮德纳（公元前168年）所取得的这两场胜利至关重要，但这些战役都是近战，尚不清楚罗马军团是否在方阵作战方面占优势。后来成为罗马公民的希腊历史学家波利比乌斯声称，这种效果很大程度上是罗马的宣传，其目的是阻止希腊人进一步造反。希腊人认为罗马人不过靠运气。实际上，罗马人拥有卓越的人力、资源、意志力和组织能力。

与此同时，罗马内部的紧张局势导致了共和国的倾

覆。主要的军事指挥官利用他们的力量统治罗马，首先是公元前80年代的马略和苏拉，然后是庞培和尤利乌斯·恺撒。事实证明，政治和军事的交织是共和国面临的一个关键问题。像恺撒这样雄心勃勃的政治家，先是在边境寻求军事指挥权，然后试图将资源用于他们的军事活动，就像拿破仑后来在18世纪90年代对法国大革命所做的那样。公元前49—前46年，自封为元老院斗士的庞培与恺撒之间爆发了一场内战，导致了庞培的失败和死亡。

恺撒试图改变共和国。尽管恺撒出身于贵族，接受贵族式教育，但他深受民众的爱戴，是获得罗马普通民众极大支持的政治团体中的一员。公元前44年的古罗马历三月的艾德斯日（3月15日），他在罗马被反对派阴谋暗杀，随后引发了一场内战。公元前42年，在这场内战中，恺撒的支持者形成的三巨头最终于希腊的腓立比击败了反对派。包括恺撒的继承人屋大维和政治家、将军马克·安东尼在内的三巨头后来关系破裂，屋大维在公元前30年取得了胜利。

马克·安东尼与埃及统治者克利奥·帕特拉结为同盟，克利奥·帕特拉成为他的情人。在公元前31年那场规模巨大的亚克兴海战之中，安东尼彻底战败，他对屋大维统治的抵抗就此被扑灭。获胜的屋大维获得了奥古斯都的头衔，并自立为皇帝。公元前30年，他利用自己的优势占领了埃及，并声称自己最终为罗马带来了和平。

下图：一幅18世纪的油画，展示了公元前61年庞培回归罗马的凯旋仪式。

罗马世界

罗马的制度基于公民权的理念。成为公民是平等的基础，但就像 19 世纪的英国一样，富人和穷人、男人和女人、父母和子女、长子和其他孩子的处境都大不相同。例如，自由佃农是公民，而不是奴隶，但他们在经济上处于不利地位，必须支付租金和税收。他们大多变成了农奴（没有什么权利的农民）。与此相反，大地主和领主的处境具有更多的吸引力。为了维系稳定和军队人力，公民身份最终在公元前 1 世纪扩展到意大利的所有成年男性，并在公元 212 年扩展到所有非奴隶的男性。

罗马帝国通过一个最近几十年才在欧洲重又出现的自由贸易体系，将商品运往罗马城和帝国周边地区，这一行为受益于规模经济、新商品和最佳生产技术的传播。罗马人在一系列征服之后，建立了大型的农业庄园，发展了葡萄栽培（葡萄酒生产）和谷物、橄榄以及葡萄藤的种植。他们还谋求开发和扩大矿产及金属的生产，如西班牙和不列颠的银和锡。

罗马文明建立在城市文化和组织形式的基础上，城市遍布罗马世界。许多城市一直延续到现在，如科隆、

贵重金属

最近的考古发掘大大扩展了我们对罗马矿业生产的认识。2014 年，在西班牙西北部的拉斯梅德拉斯发现了公元前 1 世纪的重要金矿。有人认为，这是罗马世界最大的金矿，在这里，液压系统将高压水带到现场来淘洗黄金。2017 年，考古学家在挖掘西班牙南部城市穆尼瓜时发现了一个大型的铜和铁采矿作业系统，该系统使用了通风的地下通道，以便矿工能够更深地挖掘矿藏。矿井的使用早于此前，尤其在迦太基地区，但罗马人大大提高了矿井的产量。

左图： 西班牙南部城市穆尼瓜的遗址揭示了一个令人印象深刻的罗马采矿建筑群。

里斯本和伦敦。交通是一个关键因素。这一时期主要的航运路线定锚于令人印象深刻的港口，如里斯本、伦敦和罗马附近的奥斯蒂亚。城市也经常建在道路交会处，如葡萄牙的布拉加。

城市推动了罗马化，因为城市是农村产生的财富的集散地，特别是通过税收、租金和消费发生财富转移。地主乐于生活在城市里，那里穿着罗马服装，并通用拉丁语。水渠将水引入古典世界的城市。最近的考古发掘持续提供了许多城市罗马化的遗迹，包括在西班牙科尔

多瓦，发现了一座 4 世纪的罗马化大宫殿的遗迹。还有一些遗址只有部分被挖掘，比如在葡萄牙。

在山区和远离城市的地区，罗马化的程度要弱得多。这些地区的经济更多的是维持生计或畜牧农业，如在西班牙西北部。在这些地区，更倾向于维持前罗马时期的异教习俗。

罗马之外的世界

武士社会在罗马帝国以北的世界占据主流。印欧语系族群的迁移传播经历了很长的一段时间，至少可以追溯到公元前 2000 年，他们极大地影响了欧洲。考古知识水平的提高揭示了公元前 1000 年的凯尔特人已经成为一个比他们的祖先更具特色的群体。他们在大约公元前 800 年出现在德国南部，然后传播到法国的大部分地区，并从那里向更广泛的地方传播。公元前 700 年左右，凯尔特人穿过比利牛斯山脉进入西班牙后，继而进入葡萄牙，建造了有防御工事的山村或城镇，如西塔尼亚·普利多路斯城，该城堡从公元前 300 年开始有人居住。它有城墙保护，有供水系统支撑，内有 150 多间石头小屋，其间以铺设的小路纵横相连。

凯尔特人力压罗马，在公元前 390 年洗劫了它，并占领了意大利北部，于是罗马人把意大利北部称为"阿尔卑斯南侧的高卢"或"阿尔卑斯山这边的高卢"。凯尔特人还进攻马其顿，

下图：西塔尼亚·普利多路斯城是位于葡萄牙北部的一个凯尔特人定居点。

在公元前 281 年击败了它，并于公元前 279 年入侵希腊，不料于公元前 277 年在色雷斯的李西马其亚被马其顿击败。这是欧洲历史上的一个重要事件，但由于人们对巴尔干历史的相对忽视，这一事件往往被淡化。

凯尔特人的影响程度可能是一个有争议的话题。例如，在英格兰南部发现了凯尔特人的居所、文化和文明的特征，但尚不清楚这在多大程度上是由于广泛的人口流动，或源于有限的移民或贸易，也很可能这三者都起了作用。尽管没有复杂的政府活动，凯尔特人社会拥有原始城镇（更大、更复杂的定居点）、货币以及以部落组织的酋长模式和成千上万的人口为特征的部落"国家"。这一时期凯尔特人在欧洲大部分地区占据统治地位，但在公元前 2 世纪被居住在今罗马尼亚境内的达契亚人驱逐出境，而在今天的意大利北部、西班牙、葡萄牙、法国和英国境内，许多凯尔特人部落被罗马人征服。

日耳曼民族是一个远离罗马控制的印欧语系族群，似乎出现在北欧青铜时代（公元前 1700—前 500 年）的斯堪的纳维亚半岛南部，在凯尔特人向南迁移和与罗马人发生冲突之前都活动于这一区域。他们的活动在公元前 102—前 101 年最为显著，当时辛布里人和条顿人入侵了法国南部和意大利北部，但都被打败了。随后，在多瑙河和莱茵河的边界上，他们更频繁地入侵。其他日耳曼部落迁移到东欧。

从 4 世纪开始，迁移到东欧的日尔曼部落受到了来自亚洲内陆的军事打击，这些军事入侵者包括匈人在内。376 年，匈人迫使东哥特人和西哥特人（日耳曼的主要部落）向西迁移。这个过程相对来说比较混沌不清，与罗马和日耳曼部落之间复杂的关系，以及罗马帝国以北的族群之间的关系相互影响。罗马帝国以北的人被罗马人视为"蛮族"，同时也因为与罗马人的接触而部分地罗马化了。许多西哥特人和其他日耳曼部落的民众在攻击罗马人之前，加入了罗马军队，属于罗马军队中的军事单元。他们攻击罗马人在某种程度上是因为不满罗马对他们的管理。其中对土地的渴求是一个关键因素，尤其是汪达尔人、苏维人和艾伦人在 406 年穿越冰冻的莱茵河的时候。还有来自高度流动的匈人的压力。匈人于公元 370 年左右在高加索北部力压阿兰人之后，又于公元 444—453 年在阿提拉的领导下向西推进，入侵意大利和法兰西。

上图：一枚公元前 4 世纪的金戒指，显示了凯尔特人在金属加工方面的天赋。

贸易

贸易引入了一个罗马之外的非常别样世界。借助统一货币、法治、良好的交通设施和对贸易的支持，罗马人在他们的帝国内进行广泛的贸易。同时他们还与帝国之外的欧洲、非洲和亚洲进行贸易。在欧洲，罗马主要进口波罗的海的琥珀和奴隶。在亚洲，罗马人通过"丝绸之路"和红海航线进行贸易。

奥古斯都及罗马早期皇帝

奥古斯都没有宫殿、朝廷或王权。在他当政时，共和国的机器继续运转，他的军事命令在时间和空间上都受到正式限制。他的个人地位和声望是独一无二的，但这并没有使他成为任何意义上的"皇帝"。事实上，将奥古斯都称为皇帝是为了预先说明他的继任者会把共和国变成皇权帝国的样子。

在国外，他也不得不作出妥协。从公元前12年起，罗马征服了德意志西部的大部分地区，但公元9年在条顿堡森林的严重失败致使罗马损失了三个军团，罗马只能放弃这个地区，并撤退到莱茵河边界。相比之下，摩西亚省、雷蒂亚省、诺里库姆省和其后的潘诺尼亚省在公元9年的建立，标志着罗马向多瑙河的迈进，维持了罗马人与日耳曼人的边界。

奥古斯都的继任者们未能实现持久的稳定。这在一定程度上是由于统治家族内部的分裂和他的继任者的不称职。特别是卡利古拉（约公元37—41年在位），他要么是真疯了，要么是表现得像个疯子。他引入了希腊式的宫廷模式，这种模式倾向于独裁统治。但最终，卡利古拉被暗杀了。执政官卫队（或者说皇帝禁卫军）迫使元老院承认克劳迪亚斯（约公元41—

左图：奥古斯都被称为第一位罗马皇帝，但实际上他的统治仍保留着共和国的形式。

右图：尼禄是最为臭名昭著的罗马皇帝之一，以他的暴虐、专横和放荡、挥霍的统治方式而闻名。

54年在位，又称克劳狄一世）为皇帝，而不是恢复共和国。克劳迪亚斯于公元43年入侵不列颠岛，获得了军事荣誉，并在罗马军团中赢得声望。

分裂与统治精英内部的紧张关系相互作用，这种紧张关系汇集了意识形态差异、亲属间的对抗、统治家族内部的联系，以及特定的政治问题，还有长期存在的军事控制问题。政府希望垄断武力，坚持严格的中央控制，这自然会与自治的边境部队发生冲突，这些部队的指挥官可以发起对权力的争夺。这一点在公元68—69年间表现得非常明显，当时喜怒无常、行事多变的尼禄（54—68年在位）不得人心，招致横死，就有四个军官试图抓住机会夺取权力。最终的胜利者是韦帕芗（69—79年在位），他创建了新的有效的弗拉维王朝（69—96年）。然而，这一事件形成了军队废立皇帝的惯例。年迈的涅尔瓦（约96—98年在位）发现自己缺乏军事经验是一个问题，于是收养了经验丰富的图拉真将军（约98—117年在位）作为自己的儿子和继承人。图拉真的继任者是他的门徒哈德良（约117—138年在位），另一名久经沙场的将军。他

们两人都是出生在西班牙的罗马人，这体现了罗马帝国吸纳和奖励人才的力度。

公元 107 年，经过艰苦的征战，图拉真领导下的罗马人建立了达契亚行省，这是多瑙河以北的一个省，位于现在的罗马尼亚西部，到 270 年以前，罗马一直控制着这个行省。同样，罗马于公元 83 年在现在的德国西南部建立了一个省，但在大约 260 年放弃了它。除此之外，帝国的北部边界位于莱茵河、多瑙河，特别是英格兰北部的哈德良长城，而现在的克里米亚从公元 63 年起就是帝国的一个附属国。罗马帝国在马可·奥勒留（公元 161—180 年在位）的统治下达到了稳定的鼎盛时期，尽管他不得不在日耳曼部落入侵后恢复多瑙河边境。

罗马修建了多处防御城墙，尤其是在莱茵河上游和多瑙河上游之间修建的城墙，被历史证明是难以攻破的。此处的城墙由堡垒支撑，提供了有限的物理屏障，但当它们与均匀排列的瞭望哨岗相结合时，也是卓越的观测点和早期预警系统。他们能够用旗帜或灯光信号进行快速沟通。集中部署的预备兵力被掩藏起来，一旦发现了重大的入侵行动，他们就能迅速作出反应。这种做法意味着罗马不必把大量军队束缚在边界，因而实现了武力的合理使用。堡垒既是防御的站点，也是进攻的基地，而城墙不仅用来控制"蛮族"，还作为经济影响区、情报收集源、对当地公民发号施令的手段，以及规范贸易的方式。

左图：哈德良长城，沿着罗马的不列颠尼亚行省北部边界，蜿蜒延伸了 73 英里（117.5 公里）。

罗马陷落

　　来自罗马帝国外部的进攻压力，加上帝国内部统治新的分裂的影响，这二者导致权力中心转移到新首都拜占庭（今伊斯坦布尔），公元 330 年，君士坦丁一世将其改名为君士坦丁堡。君士坦丁一世于 312 年开始信奉基督教，同年，在米尔维安桥战役中击败了对手马克森提乌斯。君士坦丁从 324 年开始成为帝国唯一的统治者，直至 337 年去世。

下图： 位于约克郡的君士坦丁一世雕像。公元 306 年，君士坦丁一世在这里称帝。

罗马时期欧洲的农业和人口的增长

农耕方式在罗马时期得到了改进，这对于欧洲在没有疾疫情况下养活更多的人是非常重要的。在3世纪晚期和4世纪，大型犁的使用得到了传播，犁刀被添加进来，可以切割出更深的犁沟，从而在更硬更厚的土壤上劳作。双手共持的长柄镰刀的引入能更快地收割干草，更多的冬季饲料得以储存。当动物们在枯草地上越冬的时候，人们建造了玉米烘干窑，谷物轮作种植得到普及。畜力或水力磨坊成为此时的一个重要特征。

上图：来自西班牙梅里达的一幅马赛克镶嵌画，画中为人们踩踏葡萄来酿酒。

君士坦丁转信基督教后，异教信仰的地位也随之下降。在君士坦丁与旧信仰支持者的斗争中，其基督教信仰得以维持，但极大地破坏了信仰需要保持连续性的观念。基督徒长期以来都是被公开处刑的，一神论（一个神）基督教挑战了奥林匹亚诸神体系——一个允许将皇帝纳入宗教万神殿的多神崇拜体系。君士坦丁转信基督教导致的分裂削弱了帝国，而它本应集中精力应对外部威胁。拜占庭成为新时代的城市，而罗马则代表着旧时代，它的社会不平等使得基督教倡导的平等显得尤其具有颠覆性。

皇权也受到了质疑。这包括争夺皇位和地方大员追求"准独立"，这种"准独立"有时是为争夺皇权做准备的。这些地方大员包括公元3世纪60年代的波斯图穆斯和公元4世纪80年代的马格努斯·马克西姆斯。

这一时期的经济问题非常严重，有明显的证据表明，到2世纪后期，农业生产、工业和贸易都在滑坡。其原因尚不清楚，气候变化可能是一个因素。

罗马衰落背后的许多经济问题都与强权政治有关。罗马因频遭入侵而失去了资源，尤其在帝国的西部和东部，萨珊人频繁施加压力，他们控制了波斯，然后向西推进。在印度洋，罗马人也失去了对贸易的控制，印度南部发现的数百枚罗马金币证明了罗马帝国原有贸易的范围。经济问题影响了帝国的财政，罗马货币的重量和贵金属含量下降，这令其更难赢得支持。

最后，东罗马帝国抵挡住了萨珊人，就像早先挫败了帕提亚人一样。然而，从3世纪晚期开始，历史证实"蛮族"对西罗马帝国的压力是行之有效的，甚至在4世纪晚期更为成功。由于边境防御和经济发展严重受损，罗马不可能再维持其军事统治。

"蛮族"的入侵本身是一个复杂的过程，因为对入侵的某些抵抗是由相似的民族发起的：在4世纪和5世纪，日耳曼人的组织占据了罗马野战军的大部分，同时，

一些入侵者或潜在入侵者被招募来帮助对抗其他国家。

在外来进攻日益增加的压力之下，罗马的战略也发生了重大转变，以边境常驻军为基础实行坚固的边防政策。在公元 1 世纪后期到 235 年左右，这一战略已经成为常态，诸如英格兰北部的哈德良长城，在纵深防御的优势之下被遗弃，取而代之的是一种使用定点防御工事的军事系统，并依靠机动野战军作为其关键要素。在高卢，大约有 100 个城市中心用引人瞩目的石墙加固。野战军的表面目的是出兵抗击入侵者，骑兵在其中扮演了比以前更重要的角色。然而，他们的主要功能往往变成保护皇帝免受内部对手的攻击。这样的转变毫无疑问

上图：君士坦丁堡（今伊斯坦布尔）竞技场方尖碑基座的西立面，展示了公元前 390 年"蛮族"对狄奥多西大帝的屈服。

上图：公元 376 年，瓦伦斯大帝与西哥特人首领弗里迪盖伦在多瑙河上会晤。两年后，弗里迪盖伦在阿德里安堡战役中击败了罗马军队。

只会导致各省更容易遭遇入侵，从而耗尽资源和政治支持力。

军队的政治功能如此重要，以致 3 世纪的几位皇帝（包括戴克里先）都是来自西巴尔干半岛的伊利里亚士兵，这个地区是军队的主要征兵基地。"蛮族"军队的装备并不比罗马人好，但他们得益于坚定的领导和高昂的士气。378 年，在阿德里安堡的一场关键战役中，哥特人凭借更多的兵力摧毁了罗马军队，杀

死了皇帝瓦伦斯。

395 年，帝国最终被分为东、西两个部分。在来自远东的匈人的压力下，西哥特人在阿拉里克的带领下于 401 年入侵意大利，410 年洗劫了罗马。（罗马城墙在 3 世纪 70 年代曾被皇帝奥勒留进行了极大的改进，并抵挡了阿拉里克的进攻，但最终罗马因饥饿而屈服。）对罗马的劫掠是帝国发生变化的一个重要标志，它对帝国权威和教皇的地位都具有图腾般的意义。意大利随后遭到了哥特人、汪达尔人和匈人的大规模入侵。

尽管罗马在西帝国各省的影响力仍在继续，但它已经被严重地削弱了。409 年，由阿兰人、苏维人和汪达尔人组成的日耳曼联盟入侵西班牙。罗马与包括英格兰和西班牙在内的帝国大部分地区之间的政治和军事联系在 5 世纪 10 年代被切断。419 年，里斯本摧毁于西哥特人之手，469 年被苏维人占领。

与入侵有关的还有罗马世界内部的政治不稳定，包括内战。皇帝们在意大利北部的拉韦纳避难，那里有沼泽地保护，不像罗马那样容易受到攻击。但即使是拉韦纳，罗马也无法一直保有。476 年，西罗马帝国的最后一位皇帝罗穆卢斯·奥古斯都被废黜。

右图：公元 4 世纪的汪达尔青铜盾牌帽。汪达尔人在 5 世纪期间征服了伊比利亚半岛和北非的大部分地区。

前页：19 世纪的一幅插图，描绘了罗穆卢斯·奥古斯都在奥多亚塞的威压下投降的场景。

罗马的遗产

罗马时期留存下来的大多数考古资料表明，这个社会生产和贸易的商品远远多于之前的铁器时代。与此同时，人类对环境的影响也在增加，随着处女地的不断开垦，以及对其他物种的统治，英国熊等动物开始灭绝，原始林地不断减少。

罗马的遗产很重要。虽然这种遗产被"蛮族"的征服所掩盖，但罗马统治留下了拉丁文化、基督教、城市结构和大一统的体验，以及建筑遗迹，这些不仅至今依然令人印象深刻，也有助于界定罗马后继者的想象力。

拜占庭、教皇和神圣罗马帝国在继承罗马的遗产的同时，也对其进行了微妙的改变。在某种程度上，随后的欧洲历史反映了各国对罗马帝国遗产不同解读之间的斗争。这种斗争一直延续到今天，例如，对于俄罗斯在欧洲的地位，以及欧盟在多大程度上借鉴了罗马遗产，形成了对比鲜明的观点。更直接的原因是，罗马的遗产差异很大，部分原因是外来入侵的影响，内部压力也各不相同。在帝国崩溃前后，前罗马官员和军事将领分崩离析，并建立了各自的权力基础，然后沿着不同的轨迹发展。此外，罗马帝国沦陷后各国的经历，在地理上、经济上和文化上都形成了鲜明的对比。事实证明，对官员、神职人员、商人和城镇居民的影响要大于农民。

第三章

分裂的数百年

第三章
分裂的数百年
约公元 500—1000 年

公元 5 世纪的动荡严重打击了整个欧洲大陆的贸易、社会和城市生活。在经历了一个世纪的人口显著下降，以及公元 6 世纪的疾病带来的新问题之后，城镇和乡村的人口都出现了增长，并且社会有了很大程度的复苏。然而，在公元 8 世纪、9 世纪和 10 世纪，出现了第二波"蛮族"的攻击，包括阿拉伯人、维京人和马扎尔人。从 7 世纪开始，伊斯兰教和基督教之间的斗争成为欧洲历史的一根主线。

前页：位于拉文纳的圣维塔尔大教堂的拜占庭马赛克镶嵌画，创作于公元 547 年，描绘的是西奥多拉皇后。

右图：描绘努尔西亚的圣本笃的壁画，圣本笃建立了那个时代最有影响力的修道院。

400		600		800
		约500—839年，达尔里亚塔王国		
493—553年 意大利东哥特王国			约650—969年，哈扎尔汗国	
		567—822年，阿瓦尔汗国		751—911年 加洛林王朝
476—711年，西班牙西哥特王国				
		约451—1066年，英格兰盎格鲁-撒克逊人		
450（一说为481）—751年，法国墨洛温王朝				
395—1453年，拜占庭帝国				

黑暗时代？

公元5、6世纪的不稳定在欧洲大陆导致了一种明显的危机感，也导致了西罗马基督教世界的衰落。关于这个时期的文字记载有限，考古证据分布不均。

这一时期危机固然存在，但同时也有其连续性和新的发展。意大利不再是一个强大帝国的中心，但那里的一些城市幸存了下来，特别是罗马、那不勒斯和拉文纳。一些地方有了重大的发展，如阿马尔菲，它受到了相对完整的保护，免受陆地的攻击，成为一个在地中海广泛活动的重要的海洋共和国。

与在罗马帝国的庇护下相比，这一时期的贸易面临着更多的困扰，但地中海和北欧的贸易仍在发展。这在一定程度上与维京人的活动有关，但并非全部。例如，英格兰岛东海岸与低地国家和莱茵兰之间的贸易尤为重要，运到欧洲大陆的羊毛价值不断增长。

这一时期的欧洲有一些新的发展，包括修道院的建立，特别是那些由努尔西亚的本笃在529年建立的本笃会。圣本笃建立了12座修道院，最早的是苏比亚科修道院，最著名的是罗马附近的蒙特卡西诺修道院。本笃会规成为最重要的修道会准则，并因此确立了标准。修士的生活是以为上帝服务为宗旨，特别是祈祷和劳作。

任何对黑暗时代重大变化的总结，都不能忽略追求伟大的驱动力（包括统一成为一个更大的整体）与地方

右图：罗马附近的蒙特卡西诺修道院是由努尔西亚的本笃在529年建立的。

势力及当地的"特殊神宠论"之间的相互作用。动力和统一是由基督教、教皇以及集中在皇帝身上的抱负和希望所呈现的，它们在始于11世纪的十字军东征中产生了显著的后果。然而，这种情况为紧张和争端留下了空间，而这些争端利用了分散的封建权力结构。此外，王朝君主制的核心政治问题——统治者的才干与继承的性质——却不可避免地蕴含了很大程度上的不可预测性。

此外，关于权力的理论基础和行为都是暴力的。皇室家族之间及皇室内部，部落之间及部落内部，存在着长期的争斗，使得社会充满暴力，在英格兰，英雄主义精神是一种以战斗来赢得的荣耀，这是通过"赎杀金"来衡量的：不同的社会群体杀死一个人而支付的赎杀金数额是不一样的。

1000　　　　　　　　　　　　　　　1200　　　　　　　　　　　　　　　1500

882—1240年，基辅罗斯公国

919—1024年，
德意志奥托王朝

830—955年，
匈牙利马扎尔人

711—1492年，安达卢斯王国

900—1286年，阿尔巴王国

拜占庭帝国

经历了分裂且部分被征服之后，罗马世界在地中海东部幸存了下来，拜占庭帝国是东罗马帝国的延续。从535—555年间，在查士丁尼一世（公元527—565年在位）和他的天才将军贝利撒留的领导下，拜占庭人在一系列辉煌的战役中占领了意大利的大部分地区、西班牙东南部和突尼斯，并于554年击败了入侵意大利的法兰克人。从552年到624年，西班牙（实际上是西班牙东南部）都是拜占庭帝国的一个省。

公元5世纪40年代，拜占庭在首都君士坦丁堡周围修建了雄伟的狄奥多西城墙，随后在674—678年和717—718年间，拜占庭抵挡住了伊斯兰的进攻。1453年，君士坦丁堡最终被穆罕默德二世统治下的奥斯曼土耳其穆斯林所占领。然而，更早时候，伊斯兰势力已在发展。北非和今天的叙利亚、黎巴嫩、以色列和巴勒斯坦的疆域在7世纪就已被阿拉伯军队占领。拜占庭在与波斯萨珊人激烈而漫长的冲突中被削弱，这场冲突导致了无法投

下图：描绘拜占庭皇帝查士丁尼一世的马赛克镶嵌画。查士丁尼一世在6世纪领导进行了一系列战役，以收复西罗马帝国倾覆时失去的领土。

上图：围绕君士坦丁堡的狄奥多西城墙建于公元 5 世纪中叶，对任何入侵者来说都是一个可怕的障碍。

入足够的资源用于维持拜占庭在地中海西部的新地位。伦巴第人将拜占庭人赶出意大利大部分地区，西哥特人则将他们赶出西班牙。拜占庭和波斯都被穆斯林打败了，但拜占庭没有被彻底推翻。同时，拜占庭也多次发生内部冲突和政治阴谋事件。

与此同时，拜占庭也有成功的时期。一个强有力的领导人是关键，如查士丁尼（527—565 年在位），他重建了法律体系。巴西尔二世（976—1025 年在位）摧毁了保加利亚帝国。保加利亚是拜占庭关键的长期对手，在 9 世纪初就统治了巴尔干半岛大部分地区。（在西蒙统治时期，保加利亚曾有过与拜占庭平等的主张，西蒙于 927 年去世。）巴西尔在 1014 年的贝拉西卡山脉战役中获得了“保加利亚屠夫”的称号。在这场战役中，数千名囚犯被弄瞎了眼睛，每 100 人一组，由一名独眼失明的男子带领送回家。保加利亚于 1018 年被吞并。

上图：西米恩一世，见于 12 世纪的《马德里的思利特扎》，在西米恩一世统治的 893—927 年间，保加利亚的势力得以扩张。

在公元 5 世纪到 12 世纪期间，拜占庭是基督教欧洲的主导国家，也是其他统治者的重要标杆。它是东正教的中心，规范并领导着另一个基督教世界，他们区别于罗马教皇主持下的基督教世界。基督教起源于公元 1 世纪由基督的使徒们建立的教会，根植于拜占庭文化和政治，这是拜占庭帝国、巴尔干半岛和俄罗斯所遵循的基督教组织形式。东正教并没有设置一个至高无上的大祭司，以对应类似于罗马教皇的地位。

"蛮族"王国

通常而言，我们不知道所谓的"蛮族"入侵在何种程度上可称为大规模的迁徙，在何种程度上只是小规模的武士群体的进犯。传统上根据语言和地名，人们认为这个时期的欧洲曾经有过一次大规模的移民。在

左图：西奥多里克统治西哥特时期的硬币。

公元 6 世纪的危机

"蛮族"远非唯一的对前罗马世界构成重大挑战的因素，气候和疾病也是极具破坏性的问题。2013 年，人们在瑞士—意大利之间的阿尔卑斯山脉的冰川中，提取到了冰块中包裹的大气污染物，对其分析的结果表明，536 年是一个严重充满危机和不确定性时期的开始。那一年的早些时候，冰岛的一次火山喷发将火山灰散布到整个欧洲。拜占庭历史学家普罗科匹厄斯写道："太阳和月亮一样，终年无光。"天气因此变得很冷，庄稼歉收。在 540 年和 547 年也发生了两次类似的火山喷发。同时在 541 年，一场大瘟疫从埃及传入欧洲，并持续爆发，导致拜占庭帝国人口大量死亡。一直到大约 640 年，才出现了恢复的迹象。对冰川的研究显示了空气中含有高浓度的铅，说明 7 世纪 40 年代已经存在大规模的银矿冶炼，从而可见某种形式的有组织的"工业"已经恢复。

20世纪70年代和80年代，新的研究重心聚焦于小规模的武士精英入侵。随后，DNA 分析使得早期的大规模移民假说再次被证实。

在西欧，"蛮族"日耳曼王国继承了罗马，它在与法国的法兰克人、意大利的东哥特人、西班牙和葡萄牙的西哥特人竞争中，变得尤为突出。东哥特人的国王西奥多里克于488 至 492 年从另一个"蛮族"奥多亚塞手中夺取了意大利本土，然后在 493 年征服了西西里岛。西奥多里克尊重罗马的遗产，并修复了拉文纳等古代遗迹。然而，虽然他的王国很强盛，却没有长久。西哥特人继承了罗马的行政结构和拉丁语，并宣布放弃天主教三位一体观点的异端阿里乌派，转而支持天主教。这是在"蛮族"世界建立天主教、树立教皇权威的关键事件。

法兰克人成为现代法国、比利时和德国的大部分地区的主导人群。他们最初驻扎在两个地区为基地，但 486 年在克洛维（481—511 年在位）的统治下，他们推翻了罗马人控制的西格里乌斯地区，即现在的法国北部。克洛维还在 507 年将西哥特人从法国南部赶走，且击败了阿勒曼尼"蛮族"团体，并通过信奉基督教，赢得了一定程度的合法性。

与其他"蛮族"王国一样，克洛维的这一成就因诸子的分裂而遭到破坏。然而，克洛维建立的墨洛温王朝也经历了势如破竹般的扩张，包括在 534 年征服了另一个原本独立的"蛮族"国家——勃艮第，还有 537 年从东哥特人手中夺取了普罗旺斯。到 7 世纪末，伴随着贵族的独立，墨洛温王室内部出现分裂，其显著表现是出现了"宫相"或统领大臣。

上图：9 世纪晚期的一块象牙牌匾，描绘了克洛维信奉基督教受洗的情景。克洛维统一了法兰克，并建立了墨洛温王朝。

8 世纪早期，法兰克王国的宫相查理·马特尔夺取了权力。732 年，阿拉伯人在击溃西哥特人并征服了西班牙和葡萄牙之后向北挺进，查理·马特尔在普瓦提埃击败了这些伊斯兰进攻者。他的儿子丕平三世在 751 年废黜了墨洛温王朝最后一位国王希尔德里克三世，建立了加洛林王朝。后来的查理大帝是丕平三世的儿子。

　　其他的"蛮族"包括葡萄牙和西班牙西北部的苏维人、勃艮第人，以及入侵并征服英格兰的盎格鲁人、撒克逊人和朱特人。这些民族之间多有冲突。西哥特人在 6 世纪末征

下图：在 732 年的普瓦提埃战役中，查理·马特尔阻止了伊斯兰向欧洲的挺进。

服了苏维人。在英格兰，诺森布里亚的盎格鲁人占据了统治地位，尤其在奥西乌（642—670 年在位）和埃克格里菲斯（670—685 年在位）的统治时期更是如此。接着是 8 世纪，盎格鲁人的麦西亚王国在奥法统治时期（757—796 年在位）掌握了霸权。然后，撒克逊人建立的埃塞克斯王国在 9 世纪初崛起。奥法在宪章及法典（正式文件）中不止一次使用过"英格兰之王"一词。他的著名功绩还包括，在麦西亚王国与威尔士王国之间的波伊斯郡建造了土堤边界线，这很可能是一项防御工程。这项工程说明，王国已经拥有相当程度的组织机构，以及随之而来的改良货币（译者注：用以偿付劳动报酬），这些都体现了麦西亚王国的管理能力。

上图：麦西亚国王奥法是盎格鲁－撒克逊最强大的国王之一，他称自己为"英格兰之王"。

阿拉伯的征服

在信奉新的宗教——伊斯兰教之后，阿拉伯人在中东、北非和伊朗打破了现有权力体系，然后寻求进一步扩大自己的影响力。711年，阿拉伯军队越过直布罗陀海峡，迅速征服了西班牙和葡萄牙。基督教认为，这场征服是符合教义、天意和道德的。这一时期的主要文学作品是西班牙修道士贝亚图斯的《启示录评注》。对于西班牙西哥特王朝的覆灭，该书总结为末日审判的主题——一个关于掠夺、复仇和背叛的故事，最后一任国王罗德里克在故事中扮演了核心角色。这一方式把对抗穆斯林的成功与道德联系起来，反过来，也可以用来解释后来君主的成功。事实当然不止于此，西哥特人的内部分裂，

以及他们的其他军事行动，包括对巴斯克人的行动，都起到了重要作用。

阿拉伯军队有效地利用海军力量，征服了从塞浦路斯到巴利阿里群岛的地中海岛屿，并在北岸建立了一些基地；最负盛名的是意大利的巴里（841—871）和法国的弗莱奈 [拉加尔德–弗雷内（889—973）]。后者导致了10世纪初对阿尔卑斯山口的袭击，阻碍了法国和意大利之间的联系。穆斯林的进击帮助塑造了现代世界。这是一种军事上的进击，也是一种文化上的进击，是欧洲历史上一个被淹没的主题。其后伊斯兰化在少数地区发生了逆转，主要是西班牙、西西里岛和伏尔加盆地。

阿拉伯人对西西里岛的征服

从827年开始，拜占庭官员之间的分裂为阿拉伯人提供了一个脱颖而出的机会，然而阿拉伯人直到965年才最终征服了西西里岛。阿拉伯人把柑橘、大米和桑树带到西西里岛，并利用奴隶在那里种植甘蔗。许多土著居民改信伊斯兰教，但之后阿拉伯人之间的分歧导致诺曼人在11世纪晚期征服了这个岛屿。

左图：《马德里的思利特扎》中的一幅插图，描绘了阿拉伯人征服西西里岛的场景。

上图：倭马亚王朝时期的一个精美的雕花圆筒。

下图：一幅 19 世纪的画作，描绘了阿卜杜勒·拉赫曼三世的宫廷。

安达卢斯

伊斯兰世界的宗派分立和政权分裂导致了一个独立的伊斯兰国家——倭马亚王国的建立，该王国位于西班牙南部，在 756 年定都科尔多瓦。科尔多瓦最引人注目的地方是大清真寺（西班牙语中的大清真寺为梅兹基塔，专指这座最著名的清真寺），始建于 8 世纪末，是在拆除和改造了圣文森特教堂的基础上建成的。圣文森特教堂本身就建在一个罗马神殿的原址上，供奉的是两面神雅努斯。穆斯林地区的大多数基督徒最终接受了穆斯林文化和语言。

科尔多瓦的全盛时期，是在 10 世纪阿卜杜勒·拉赫曼三世（912—961 年在位）及其令人印象深刻的继任者哈卡姆二世（961—976 在位）的统治下。历史学家经常使用"便利"一词来指代安达卢斯的多种族、多宗教但据称是宽容的文化。犹太人的重要存在极大地促进了那里的智识生活。哈卡姆二世喜欢书籍，支持科学工作，鼓励将书籍从拉丁语和希腊语翻译成阿拉伯语。阿拉伯的数学知识也传到了伊斯兰地区。其时在西班牙北部还存在着一些小型的基督教公国。由于政治上分裂成各种"泰法"（诸侯、帮派），疆域上割裂成各自独立的领土，再加上基督教的进击，以及来自北非穆斯林的入侵，科尔多瓦在 11 世纪衰落。1212 年，在安达卢西亚的拉斯纳瓦斯－德－托洛萨，阿尔摩哈德哈里发的军队遭受了关键性的挫败，随后在 1220 年和 1230 年，基督徒占领了安达卢西亚。1340 年，基督教公国的联盟在里约热内卢萨拉多河战胜了摩洛哥苏丹国马林王朝的军队，巩固了这一成果。

法兰克人

　　最重要的"蛮族"王国是法兰克人的王国，法兰克人巩固了对现代法国的控制。历史证明卡佩王朝比墨洛温王朝更成功，特别是查理曼大帝（768—814 年在位）的统治时期。查理曼大帝是一位伟大的军事领袖，同时也是一位精明的政治家，他征服了意大利的伦巴第人和日耳曼的撒克逊人。教皇阿德里安一世曾请求查理曼大帝协助对抗伦巴第人，查理曼大帝在 773 年顺势率军开入了意大利。

下图： 来自 14 世纪的一份手稿，描绘了骑士宣誓效忠查理曼大帝的场景。

右图:《德罗戈圣礼书》中一幅描绘耶稣升天的泥金装饰插图,这是加洛林文艺复兴时期创作的大部分作品中的教会性质的范例。

罗兰之歌

在查理曼大帝的统治下,法兰克人试图将他们的霸权扩展到比利牛斯山脉南部,但他们发现很难在那里维持下去,尤其是由于778年战役的失败,结束了双方的对峙。查理曼大帝在撤回的路上,沿途攻陷了潘普洛纳城,但是他的后卫部队在纳瓦拉的隆塞沃山口惨败于巴斯克人,这一失败成为中世纪文学的一个关键篇章。查理曼大帝的传记作者艾因哈德记录道:"那个地方被茂密的森林覆盖,是伏击的绝佳地点……法兰克人的武器沉重,土地崎岖不平,因此处于不利地位。"11世纪的史诗《罗兰之歌》对这一事件进行了极具感染力的英雄主义描述。

774年,查理曼大帝自称伦巴第人的国王。对他来说,"法国"和"意大利"之间没有界限。他在776年平定了意大利弗留里的叛乱,并在787年迫使贝内文托暂时臣服。查理曼大帝在意大利的角色证明了他是教皇的主要支持者,更在799年镇压了罗马自身的叛乱。在与教皇结盟之后,查理曼大帝在公元800年的圣诞节由教皇利奥三世加冕为罗马皇帝,延续了自476年起中断的罗马遗脉,他将罗马的帝国遗产、加洛林王朝的权力和教皇上升的威望联系起来。

查理曼大帝的加冕意味着两个独立的欧洲帝国——加洛林王朝和拜占庭帝国——的并立,它们各自声称继承了罗马帝国的遗产。查理曼大帝的统治与加洛林王朝的文艺复兴息息相关,在他的积极推动下,这一时期的文化活动集中在查理曼大帝亚琛朝廷的神职人员身上。

神学院成立了，神职人员专用的教科书也编写出来了。大量的手稿出现了，包括古典文本的副本。许多大教堂和教会的建筑风格借鉴了罗马和拜占庭的模式。

公元 817 年，查理曼大帝的帝国被他的继承人"虔诚者路易"在诸子中瓜分。作为中央王国的一部分，意大利的大部分土地归他的儿子洛泰尔继承。843 年签订的《凡尔登条约》确立了这种分裂局面，王国分为西部、中部和东部三个部分，西部王国是现代法国的基础，东部王国是现代德国的基础。接下来是进一步的分裂，同时还有来自马扎尔人、维京人和阿拉伯人的压力。

现代德国的前身，也就是路易的儿子"日耳曼人路易"分封到的东法兰克王国，成为加洛林王朝遗产的关键因素。加洛林王朝的统治在 911 年走向倾覆，后来被萨克森公爵海因里希一世（为了与其他亨利一世区别，东法兰克亨利一世一般被称为海因里希一世）的奥托王朝取代。他的儿子奥托在 936 年成为国王，951 年吞并意大利王国，随即在 955 年的莱希菲尔德之战中打败了入侵的马扎尔人。962 年，奥托成为神圣罗马帝国的皇帝。他建立了一个有效的政府体系，并被后人继承。神圣罗马皇帝与拜占庭皇帝不但在地位上一较高低，在意大利的利益上也互相竞争，一直到进入 11 世纪，拜占庭帝国仍在意大利保有着重要的领地。

左图：奥托王朝日尔曼王的谱系图。

下图：15 世纪西格蒙德·梅斯特林抄本的一幅插图，描绘了公元 955 年的莱希菲尔德战役中，日耳曼军队取得了对马扎尔入侵者决定性胜利的场景。

教皇

通过为神圣罗马帝国皇帝加冕，教宗作为教会领袖的权威得到了肯定、证明和提升。这个权威，一直在对抗东正教的中心拜占庭，以及西方教会的其他高级神职人员。在这个长期的过程中，教宗从最重要的大主教身份，转变为至高无上的教皇，在格里高利一世（590—604 年在位）统治时期更是如此。这是后来的教皇试图为整个基督教世界引入

下图： 一幅 19 世纪的画作，描绘了丕平三世和教皇斯蒂芬二世的会面。

威塞克斯国王阿尔弗雷德（871—899年在位）

在他的王国几乎被维京人于871年和877年的进攻击溃之后，阿尔弗雷德重组了他的军队，并于878年在埃丁顿击败了丹麦人，而且在9世纪80年代和90年代赢得了进一步的胜利。他强化了威塞克斯的实力，借鉴加洛林模式树立了基督教王权的形象：资助学习，建立海军，颁布法典。此前，其他的盎格鲁－撒克逊王朝已经被维京人摧毁了，这使得阿尔弗雷德和他的继任者把自己描绘成英国国王，而不仅仅是西撒克逊国王。阿尔弗雷德的孙子阿塞尔斯坦在927年征服了维京人的约克王国。

左图：一座纪念阿尔弗雷德大帝功绩的雕像。阿尔弗雷德顶住了维京人的入侵，并试图使盎格鲁－撒克逊民族整合起来。

和管理教义的基础。以罗马为基地的教皇决心让其他主教接受他们的权力和权威，这是一个关乎威望、神学控制和司法管辖权的问题。

537年到752年间，拜占庭控制着教廷，任命教宗，或至少批准教宗的遴选。然而，拜占庭和教宗之间仍然存在着神学上的冲突。从756年起，法兰克人的影响力加剧，为了帮助教宗对抗伦巴第人，查理曼大帝的父亲丕平三世，于754年和756年入侵意大利。

在不列颠群岛，罗马的权威也面临紧张局势的挑战。在英格兰，罗马的权威遭受了爱尔兰凯尔特教会的反对，幸亏诺森比亚国王奥斯维在664年的惠特比会议上表示了支持，罗马的权威才占了上风。英格兰成为向罗马看齐的一个文化活跃的社会，然而这个动态世界是基于教会与宗教的联系，而非如罗马帝国时期一样，基于帝国的权力与军事理由。

维京人的扩张

　　维京人来自今天的斯堪的纳维亚半岛，在当时，这个半岛被划分为许多独立的领地。维京人极大地改变了北欧的历史，他们不仅改变了波罗的海，而且在寻求掠夺、贸易和登陆的机会的时候，开拓了更远的疆土。最著名的是，他们用重叠搭放木料的方式建造的长船，展示了人类可以达到何种程度的海上联系和海上力量。尽管维京人远远地越过了北大西洋，出现于格陵兰岛乃至纽芬兰和拉布拉多这些地方，但他们的存在是短暂的。直到 860 年维京人在冰岛定居，才算永久地扩展了欧洲的疆域。与此同时，维京人不再只是小规模武装团伙，他们也走上了提供发展机会和更大规模军事力量的国家崛起之路。这些国家是强大的社会组织的产物，在这个组织中，正义

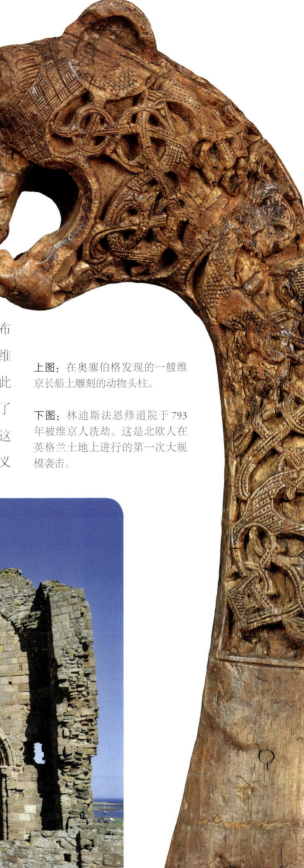

上图：在奥塞伯格发现的一艘维京长船上雕刻的动物头柱。

下图：林迪斯法恩修道院于 793 年被维京人洗劫。这是北欧人在英格兰土地上进行的第一次大规模袭击。

很重要，人与人之间也非常平等。

维京人的进攻主要指向不列颠群岛、法国北部和低地国家。与此同时，他们袭击了西班牙，在 844 年洗劫了塞维利亚，在 860 年洗劫了意大利的比萨。他们还活跃在俄罗斯各地，859 年维京人在诺夫哥罗德建立自己的统治，并进入黑海。

维京社会是一个战士社会，《萨迦》（古代挪威或冰岛讲述冒险经历和英雄业绩的长篇故事）勾勒了维京的历史，赞扬了勇敢和荣誉。维京人显得比他们的大多数对手更有效能。然而，我们可以看到，3 世纪和 4 世纪"蛮族"的进攻让罗马帝国的军队左顾右盼，东奔西跑，但是这时期的维京人并没有罗马军队这样的对手。

最初，维京人是以暴力反对基督教的异教徒，被他们摧毁的修道院的僧侣们视其为毁灭性的灾难，如 793 年英格兰的林迪斯法恩修道院。然而，维京人最终改变了信仰，这有助于斯堪的纳维亚半岛进入欧洲主流。

在英格兰，维京人在 9 世纪末被威塞克斯国王阿尔弗雷德打败后才改信基督教。然而，在丹麦国王克努特和他的儿子们发动了另一次重大袭击并获胜之后，维京人在 1016 年到 1042 年统治了英格兰。克努特还在 11 世纪 20 年代征服了挪威。丹麦人的控制与诺曼人从 1066 年开始的入侵和统治形成了鲜明对比。克努特试图以丹麦人和非丹麦人的共同领主的身份来统治英格兰，而不是作为一个外国的压迫者。他是许多王国的共主，而不仅仅是谋求扩大自己王国领地的一国之君。与征服者威廉不同，克努特是古英格兰君主制的继承者，不必面对英格兰人的反抗。英国历史上的丹麦时期提醒人们，历史具有不可预测性。克努特的统治甚至可以说是一系列偶然因素凑在一起的结果：一方面，维京人袭击的时机恰逢其"晚"（如果他们早几百年南下，将会遭到诸如罗马军团的迎头痛击）；另一方面，那时英格兰的保护人埃塞尔雷德着实孱弱，这一点不难从他的绰号"无所准备者"得到印证。

定居在法国北部的维京人在 911 年建立了诺曼底公国，并成为诺曼人。从诺曼底开始，他们于 1066 年在"征服者"威廉的统治下征服了英格兰，并从那里占领了威尔士的大部分地区。其他诺曼人接管了西西里岛和

下图：在这张来自 1031 年的纽敏寺《生命之书》的图片中，克努特（右）展示了他的基督教信仰。

意大利南部。在斯堪的纳维亚半岛，丹麦、挪威和瑞典成为 11 世纪试图向不列颠群岛和波罗的海东部扩张势力的主要国家。

黑暗时代的爱尔兰

爱尔兰可能没有受到罗马人的攻击，但它从 4 世纪开始就受到了基督教的影响。和这一时期的大多数欧洲国家一样，它的文化是一个复杂的大杂烩：异教徒的和基督教的，口头的和文字的，本地的和外来的。凯尔特基督教由修道主义、神秘主义和融合主义的元素（它结合了传统的异教徒习俗与基督教的教义）所主导，并被商人向北传播到法罗群岛和苏格兰。

从 794 年开始，爱尔兰饱受维京人攻击之苦，从 841 年都柏林的建立起，维京人发展了永久的沿海基地。在包括爱尔兰在内的凯尔特人的土地上，对维京人的抵抗成为衡量政治是否巩固的一种标准。然而，爱尔兰并没有发展成一个可以与英格兰相提并论的强大国家，在关键的政治层面上变成了从属的省级王国：康诺特、伦斯特、米斯、明斯特和阿尔斯特，它们基本上依次根据部落领地划分为独立的领地。这导致了爱尔兰在 12 世纪被盎格鲁—诺曼贵族攻击时脆弱不堪。

苏格兰

在罗马时期，福斯湾北部的土地被皮克特人占领。他们的国王在战争和狩猎中展示了他们的勇武，他们还保留了祭祀符号——巫师或萨满——来强调他们的地位。他们的社会能创造高阶艺术，尤其在石头雕刻方面颇有建树。

皮克特人受到了从爱尔兰进入苏格兰西部的苏格兰人的影响，尽管这些苏格兰人的迁徙规模尚不清楚。苏格兰的达尔里亚塔王国，其主要权力中心在杜纳德，从 789 年开始吸收皮克特的王权，并于大约 900 年创建了新的阿尔巴王国。对于皮克特人的身份在多大程度上被和平过渡到新的政体以及涉及多大程度的暴力等问题，历史学家尚在争论之中。

东方各帝国

我们对拜占庭北部的东欧帝国的认知是有限的，我们了解到的知识本质上只是外部评论，是由敌对的同时代人和现代考古学家对它作出的评论。有三个民族及其帝国引起了特别的关注：哈扎尔人、阿瓦尔人和马扎尔人。

哈扎尔人是一个半游牧的突厥民族，7 世纪中期在欧洲俄罗斯东南部建立了一个疆域宽广的帝国，其财富来自其在丝绸之路西端的商业地位。哈扎尔人没有确切的边界，但其活动领域从高加索地区向西到达乌克兰和克里米亚，向北延伸到现代莫斯科以南的顿河的源头。直到大约 900 年，拜占庭都是它的盟友。在 10 世纪 60 年代末，哈扎尔汗国（可萨帝国）被当时拜占庭的盟友基辅罗斯摧毁。

再往西，是从 6 世纪开始统治现代匈牙利地区的草原民族联盟阿瓦尔人，在 6 世纪末和 7 世纪初他们是拜占庭的主要对手。791 年，在查理曼大帝向东方扩张势力的一次重要战争中，阿瓦尔人被打垮。

随后，马扎尔人，一个来自俄罗斯中部的芬诺—乌格里克部落，在 9 世纪即将结束的时候进入了匈牙利。他们同化或奴役了当时人数不多的匈牙利人，并自 9 世纪末开始从匈牙利积极进击西部，尤其是进入德国南部，然而他们在 955 年的莱希菲尔德战役中被奥托一世击败。马扎尔人在 10 世纪末改信了基督教。斯蒂芬一世于 1000 年被加冕为匈牙利国王，由教皇西尔维斯特二世授予王位，并设置了教区的结构。

Блъ · в · т · ӟг · Имахоу даньварꙗзи изаморꙗй

вчюдинасловѣн · намери · инавсѣкривичѣ · асоха

ренмахоу мапол · инавсѣвед · инаваⷮичѣ · има

хоу повѣ лⷷнⷣ ⷷ ьꙵци ѿдыма :·

Блъ · в · т · ӟн · Блъ · в · т · ӟг · Слъ · в · т · ѳ ·

Биша иꙁбараⷢ ⷣ ꙁаморⷨ ꙗй имⷣ акнꙗли инотаⷲ а

самивсоⷩ волоⷣ ѣ ти · инаⷭⷣ ѣ внⷨ иправⷣ ы · ико

стаⷲ арⷪ г ⷣ ꙗ · ивⷷⷣ ⷲ анноу рⷪ ⷯ ⷷ нци · воекатиⷲ то

基辅罗斯

维京人大迁徙的主要产物是基辅罗斯的经济、国家和文化。基辅罗斯由维京商人开发于9世纪中期，以第聂伯河上的基辅为基础，在更北方的诺夫哥罗德还有一个重要基地。在10世纪中期，罗斯作为一个地方势力大大扩张，成为一个领土强国。基辅罗斯受益于其对波罗的海和黑海之间的河流贸易的主导地位，受益于与拜占庭的相关联系，也受益于通过喀山地区的伏尔加—保加利亚人与中亚的交通网络。987年后，罗斯皈依了希腊东正教，从而大大加强了与拜占庭的联系，这一发展在欧洲历史上具有重要意义，因为它有益于将拜占庭的遗产赋予后来的俄罗斯，并最终鼓励了俄罗斯人将莫斯科视为"第三个罗马"的想法。相比之下，俄罗斯并不像波兰那样指望罗马的教皇。

弗拉基米尔一世（978—1015年在位）去世后，基辅大公国解体，他的儿子们分别统治着诺夫哥罗德、波洛茨克和切尔尼戈夫公国。"智者"雅罗斯拉夫（1019—1054年在位）死后，出现了进一步的分裂。1093年，基辅被波兰游牧民族洗劫。1169年，基辅被东北的一个新公国苏兹达尔攻占。结果，大公的头衔被移交给了苏兹达尔的统治者。

前页：在这幅来自13世纪《拉兹维尔编年史》的插图中，人们从世界各地赶来向哈扎尔帝国朝贡。

右图："智者"雅罗斯拉夫的雕塑，由M.M.格拉西莫夫于1957年依据他的头骨复原。

第四章

中世纪

第四章
中世纪
1000—1450 年

中世纪的欧洲社会、文化和政治给现代留下了强大的遗产，尤其是当时建立的国家，从葡萄牙到俄罗斯，都留下了深远的影响。基督教世界在伊比利亚、波罗的海和立陶宛获得扩张，但在巴尔干半岛输给了土耳其人的进攻。欧洲大部分低地地区发展了种植业，工业和贸易也得到了发展。

十字军运动

在塞尔柱突厥人对拜占庭的压力下，教宗乌尔班二世从 1095 年开始呼吁对伊斯兰教发动"圣战"，旨在占领基督教世界最神圣的地方耶路撒冷。这导致了第一次十字军东征，基督教战士可以通过服兵役来换取赎罪券。在向陆路推进后，他们于 1099 年占领了耶路撒冷，并建立了一系列以耶路撒冷为尊的十字军领地。但扩张易而维系难，对这些领土统治的压力导

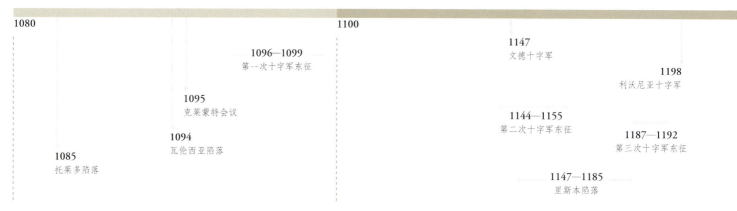

1080

1085
托莱多陷落

1094
瓦伦西亚陷落

1095
克莱蒙特会议

1096—1099
第一次十字军东征

1100

1144—1155
第二次十字军东征

1147
文德十字军

1147—1185
里斯本陷落

1187—1192
第三次十字军东征

1198
利沃尼亚十字军

前页：1385年的阿尔茹巴罗塔战役，记录于15世纪的《英格兰编年史》中。

右图：1483年的一幅插图，描述了耶路撒冷圣约翰骑士团的总团长接受作者赠书的场景。圣约翰骑士团，也被称为医院骑士团，是中世纪涌现的保护基督教世界的众多军事修士会之一。

左图：1099年，在教皇乌尔班二世呼吁光复圣城后，十字军进攻耶路撒冷，收复圣城。

军事修士会

　　十字军在该地区建立了许多领地，并催生了一种具有明显政治色彩的新组织——立誓保卫基督教世界的军事修士会或骑士团。大多数成员都是平信徒，而非神职人员。圣殿骑士团是最大的军事修士会，成立于1118年。医院骑士团（圣约翰骑士团）拥有军队和城堡，接受委托保卫大片领土。

1200　　　　　　　　　　　　　　　　　　　　　1300　　　　　　　　　　　1500

1248 塞维利亚的陷落

1212 拉斯纳瓦斯-德-托洛萨会战

1236 科尔多瓦陷落

1230 普鲁士军东征

1228—1229 第六次十字军东征

1217—1221 第五次十字军东征

1270
第八次十字军东征

1202—1204 第四次十字军东征

1291
阿克里陷落

1492
格拉纳达陷落

1209—1229
阿尔比教派十字军

1248—1254
第七次十字军东征

1271—1272
第九次十字军东征

l'aube du 25 juin de l'an 1218.

'montfort eut d'abord son cheval blessé et

致了随后的十字军东征。保卫耶路撒冷运动从第二次十字军东征开始，至 1187 年耶路撒冷被萨拉丁占领为止。十字军东征最终失败，最后一个主要阵地阿克雷（位于今以色列北部），在 1291 年的一次围城之后落入了埃及的马穆鲁克人之手。

基督教在地中海地区更为成功。曾经被穆斯林占领的岛屿，尤其是克里特岛和西西里岛，又被重新夺回。这为其他地区带来了一定程度的安全感。

在北欧，针对"蛮族"的十字军战争，将德国的势力扩展到了波罗的海东部。此外，还有针对异教徒的十字军战争，尤其是针对 13 世纪早期法国南部的阿尔比教派的战争。

左图：当时的一份手稿上描绘了图卢兹战役，这是 13 世纪阿尔比教派十字军的一场重要战役。

下图：在关于神职叙任权斗争中，托斯卡纳的玛蒂尔达试图成为皇帝亨利四世和教宗格里高利七世之间的调停力量。

中世纪的宗教

基督教既有活力，又有分裂性。分裂的关键点在于天主教和东正教之间的分歧。这种分裂于 1054 年正式形成，教会之间的交流中断。这种分裂集中体现于拜占庭和俄罗斯排斥罗马教皇的权威，以及西欧和东欧独立的神学授权体系而产生的礼拜仪式和其他方面的差异。与此同时，劝诱异教徒改变信仰，也起到了传播教义的作用。特别是在东北欧的天主教，在那里见证了波罗的海地区的一系列十字军战争，诸如拉脱维亚的十字军战争；也见证了更多的人和平地改变了信仰。后来，最后一个主要的异教区立陶宛，也在 1386 年改信了天主教。

12 世纪 70 年代早期，教皇亚历山大三世授权了针对北方异教徒的十字军战争，而德国东北部的文德十字军战争始于 1147 年，丹麦人于 1165 年占领了鲁根，瑞典人

在 12 世纪 50 年代对芬兰开始十字军战争。从 12 世纪晚期开始，这场运动的范围和规模在短时间内突飞猛进，同时在实践中，它在这一时期也引发了长期的冲突。以条顿骑士团为代表的骑士团的成立是为了助力这场斗争，但他们在俄罗斯和立陶宛对抗诺夫哥罗德的战役中失败了。

然而，在天主教统治下的核心领域，分裂更为明显。在这里，神职人员须对两位主人尽忠：教皇和世俗的统治者。罗马天主教会在法律上和社会实践上，很大程度

一种新的修道院能量

罗马天主教会能够将修道主义发展为一种更有活力的力量。本笃会是一个关键性的、长期存在的修道会，在它之后有大量的修道会加入其中，特别是在 1098 年成立的以法国为大本营的熙笃会。事实证明，他们特别擅长在人口稀少或荒无人烟的地区建立修道院，并精打细算地将它们培育成殖民扩张一体化进程中的一部分。在英格兰和葡萄牙尤其如此。随后，教会利用了以新修士会为代表的活力，尤其是圣方济会，该修道会由阿西西的圣方济各建立，并于 1210 年获得教宗的承认。此外，著名的修道会还有多明我会。他们遵循了修士们积极入世的形式，而不是像修道那样避世。

左图：阿西西的圣方济各（1181—1226）建立了方济会修道院，但他自己从未任职。

都接受教皇的管辖。以德国为基地的神圣罗马帝国和罗马教皇之间激烈的权力斗争一再引发问题，特别是从11世纪后期的神职叙任权危机开始，斗争进一步加剧。理论上，这两者是对等的，互为辅助。而实际上，最初的斗争源于意大利政治权力的严重分歧，更重要的是意识形态之间的紧张关系。皇帝有好几次赞助"反教皇"，比如霍诺里乌斯二世（Honorius II，1061—1164），他挑战教皇的权威，而教皇反过来支持有意争夺皇位的势力。然而，一个共同的教皇和不可分裂的天主教的原则并没有受到挑战，每次分裂最终都得到了化解。但是，14世纪的天主教会大分裂，出现了罗马教皇和阿维尼翁的教皇，两位教皇互为竞争对手，这一情形一直持续到1417年。

独断的教皇，尤其是格里高利七世（1073—1085年在位）、诺森三世（1198—1216年在位）和亚历山大四世（1254—1261年在位），惩罚或废黜了几乎整个欧洲的统治者，包括英格兰国王亨利二世和约翰，以及神圣罗马帝国皇帝亨利四世和腓特烈二世。教皇的权力从11世纪后期开始快速增长，当时的罗马教廷在法学家教皇的训令下，实际上正在变成西方基督教世界的法律中心和教皇行政当局，以及资金的主要来源，这导致了整个西方基督教世界的争端。在神职叙任权斗争危机中，雄心勃勃且意志坚定的教皇格里高利七世联合了皇帝亨利四世（1084—1106年在位）的反对者，就此削弱了皇权。1077年，亨利不得不在卡诺萨的一个著名场景中表示悔罪并寻求赦免，然而这仅仅暂时中止了争端。罗马教皇得到了意大利大多数城市公社（城镇）的支持，而皇帝往往得到贵族的支持。

关于教皇权力主张的争议有助于"原型民族"教会和"民族"教会意识的形成，这种意识往往表现出对"外国"神职人员的敌意。教皇政府也刺激了本地政府的发展。在大分裂（1378—1417年）期间，国家教会的意识大大兴起，打破了教宗政府的普遍主义。教皇职位从罗

马转移到阿维尼翁（1305—1377年），由于处于对立的罗马教皇和阿维尼翁教皇都得到了一些地区的支持，西部基督教世界产生了大分裂，这破坏了人们的信心和政治的稳定。

此外，更具体的政治问题导致了反反复复的紧张局势。历届皇帝对教皇的自命不凡和教皇在意大利的利益产生了敌意，这影响了德国的局势。而且，教皇在英格兰与法国、苏格兰的冲突中所持的立场让英格兰产生了敌对的情绪，这使得英格兰和教皇之间的关系变得复杂。

罗马天主教会在社会中发挥着核心作用，尤其是作为教育、健康和社会福利的关键来源。例如，中世纪的医院主要是宗教机构，为人们提供温暖、食物和庇护所，而不是临床治疗。他们为麻风病人和其他被遗弃的人提供了避难所。虔诚的（没有教会职位的）平信徒组成的教派在社会福利方面也发挥着关键作用。

平信徒教派利用了大众宗教的力量，这也表现在对圣徒的崇拜和对魔法的信仰之中。黑暗——一个超乎人类的理解和控制的世界——在想象的生活中，是一种更为抽象的恐惧感的产物。他们认为这是一个邪恶的世界，魔鬼和女巫切实存在于邪恶军团当中。传统的宗教习俗

和信仰得到了一系列语言和视觉叙事的支持，包括颂歌、神秘剧、彩色玻璃窗、雕像和壁画。平信徒可能站在了异端边缘，比如法国南部的天主教（阿尔比教派），以及更小规模的英格兰罗拉德派。后者遵循约翰·威克利夫的教义，反对圣餐变体论和教皇权威，也拒绝向圣徒祈祷。他们专注于《圣经》的权威性，认为圣餐存在不同价值。这些异端教派都被消灭了，阿尔比教派是在13世纪早期的一场十字军"圣战"之后消失的。

封建主义

封建制度是黑暗时代之后的西欧政治和社会的本质，它建立在契约的基础上，但这种契约是以个人忠诚的形式表达的，而非书面文件。人们通过向领主宣誓尽忠而成为"封臣"，并获得土地。作为换取这片土地的回报，他们要服兵役。国王是最强大的领主。如果国王们在战争中取得成功，他们就最有能力领导国家的封建制度。相反，领导不力很可能是致命的。

与此同时，王权和国家组织本身并不反对封建主义和贵族权力。相反，他们相互利用，贵族的权力既可以存在于政府机构内部，也可以存在于政府机构之外，两者间的相互作用对那个时代的政治史殊为重要。

整个封建制度建立在以农奴制形式控制劳动力的基础上。它在法律基础、实际意义和背景方面各不相同，但本质上是一种基于对土地的世袭奴役的强迫劳动制度。结果，农奴与土地一起买进卖出。农奴制被用来为农业提供所需的大量劳动力，它限制了人类的人身自由，其最严重的形式类似于奴隶制。农奴承担着各种义务，例如，他们必须使用领主的磨坊，他们在包括婚姻和死亡的各种场合欠债，他们还可能被出售。

封建主义是一个持续变化的概念。跟传统的封建制度不同，以前的土地被授予服兵役的人，后来的封建系统中，领主们以年金而不是以土地来回报他们的追随者，并让他们继续服役，封臣们的负担很快就变成了现金。这反映了许多因素，包括对金钱和灵活性的需求，以及对骑士领地的细分。随着时间的推移和世袭财产权的影响，土地分配所产生的初始关系逐渐松弛。这种关系从领主和雇工的关系转变为地主和佃户、领主和被委托人

绘画

教堂需要绘画，世俗的顾客也越来越想要自己收藏绘画。于是财富流向了艺术赞助。这一时期主要的画家有意大利的契马布埃（约1240—1302年）和他的学生乔托（约1266—1337年），他们都在人体形态的表现方式上独树一帜，特别是对人物的特征与个性的刻画。乔托是阿西西城圣方济各教堂壁画的重要贡献者。

上图：在阿西西教堂的一幅壁画中，乔托描绘了圣方济各正在向鸟儿们布道的场景。

城堡

城堡是权力的中心和权威的象征，通常耸立于周围的城市或乡村之间。它们还具有明确的军事价值，尤其是作为领土控制和扩张的象征。一些号称新城、新堡的名字被频繁使用，这证明了新防御工事的重要性。随着时间的推移，筑垒技术发展，防御工事的规模和高度不断扩大，复杂性也不断增加。在西班牙和葡萄牙的"再征服运动"期间，建造城堡是为了确保征服者免受伊斯兰的反击。城堡还保护了他们从其他基督教对手那里获得的利益，比如葡萄牙在阿尔库蒂姆和马里姆建造城堡，以抵抗卡斯蒂尔人（西班牙语中：卡斯蒂尔意为城堡）的威压。欧洲各地的城市都筑起了围墙，用于防御及建立有关当局的管辖权。这些城墙通常是难以攻陷的，比如君士坦丁堡和巴黎的城墙。

上图：葡萄牙的马里姆城堡是为了抵抗卡斯蒂尔人的侵略而建造的。

的关系。此外，一些领主更愿意通过雇用私属骑士来代替自己履行军事义务，并希望他们的佃户提供金钱而不是为自己服兵役。由此产生的委托关系由强大的贵族主导，他们是否有豢养军队的意愿对统治者的出兵能力至关重要。这种赞助与委托关系不一定会引发国内冲突，但如果君主与贵族之间或贵族与贵族之间的关系破裂，贵族就更倾向于动员和维持自己的力量。

诺曼征服

在某些方面，诺曼人是"蛮族"入侵的尾声，他们是维京人的后裔，从 911 年开始定居在法国北部的诺曼底，并在那里建立国家。1066 年，诺曼底威廉公爵（"征服者威廉"）在"忏悔者"爱德华死后入侵英格兰，声称爱德华把王位留给了他，而爱德华的继承人哈罗德是一个篡位者。威廉在黑斯廷斯战役中击败并杀死了哈罗德，随即向伦敦挺进，被誉为著名的英格兰国王。

威塞克斯家族在此之前对英格兰的统一，为英格兰迅速落入威廉之手提供了保障。即便如此，征服并非一帆风顺，威廉也没有在 1066 年粉碎掉整个盎格鲁—撒克逊的精英集团；一场流布甚远的叛乱发生了，在 1068—1070 年的北方尤为激烈。英格兰直到 11 世纪 70 年代末才真正为威廉所控制。

下图：贝叶挂毯中描绘的"征服者"威廉。诺曼公爵在忏悔者爱德华死后宣称继承英国王位。

上图：梅尔菲城堡是由诺曼征服者在意大利南部建造的，借以巩固他们的权力。

1066 年以后，英格兰成为一个横跨英吉利海峡的国家的一部分，该国发现自己有义务阻止其他领土扩张的野心。诺曼底有一条漫长的陆地边界和咄咄逼人的邻国，尤其是法兰西王国。这需要持续的军事行动，从而导致了诺曼统治者把英国政府发展为必要的财政收入来源。

在不列颠境内，与凯尔特人相邻的边界上，诺曼人的地位远不明确。而在威尔士和爱尔兰，则为诺曼的冒险家们攫取土地提供了机会。意大利南部也是如此，那里的诺曼冒险家的目标从成为职业军人变成了夺取政权。罗伯特·吉斯卡德（约 1015—1085 年）确立了强大的地位，他的弟弟罗杰完成了对西西里岛的征服。反过来，西西里岛的罗杰二世（1105—1154 年在位）统一了意大利南部和西西里岛，建立了一个强大的国家。在诺曼人夺取政权的地方，他们取代了当地贵族和社会精英，但并没有让土著人口大规模地流离失所，以前的行政结构也大体上保留了下来。

与威尔士和爱尔兰相比，当时的苏格兰国王能够获得诺曼贵族家族的支持，而无须直面入侵。肥沃的中央地带在苏格兰王权的控制之下，尽管苏格兰是一个多民族国家，但有能力的统治者赋予了它政治方向和一定程度的凝聚力，大卫一世（1124—1153 年在位）统治期间更是如此。

城市与贸易

经受了 5 世纪和 6 世纪"蛮族"入侵的破坏和经济崩溃的重创之后,中世纪的城市得以重新复苏。许多城市是独立的。在地中海,威尼斯、热那亚和比萨发展成为主要的贸易城市。它们利用自己日益增长的海上力量,建立了金融网络,成为地中海地区的经济驱动力。类似的进程也在波罗的海汉萨同盟城市之间发生,该同盟发展于 12 世纪晚期。卢贝克是同盟中最重要的城市。这些城市组成了分布广泛的商业网络,其中一些城市,特别是威尼斯和热那亚,也发展为重要的区域力量。于是,热那亚在不同时期控制了利古里亚、科西嘉岛和撒丁岛,以及爱琴海的岛屿。威尼斯在 15 世纪初的大规模扩张,在一定程度上牺牲了它接管的其他城市的利益,特别是帕多瓦(1405)、维罗纳(1405)和布雷西亚(1426)。

中世纪的神圣罗马帝国

德国、意大利及其帝国地位,结合成了神圣罗马帝国,查理曼遗存的威望,造就了拜占庭以西的重要的政治存在和军事力量。然而,与其说神圣罗马帝国是一个国家,不如说它更像一个声望体系。不管是奥托王朝(919—1024 年),还是其后的萨利安王朝,都由霍亨斯陶芬王朝的康拉德三世(1138—1152 年在位)继承。以斯陶芬的斯瓦比亚城堡命名的霍亨斯陶芬王朝在 12 世纪末和 13 世纪初统治了西欧,使中世纪的神圣罗马帝国达到了顶峰。那个王朝最重要的皇帝,腓特烈一世(1152—1190 年在位)和腓特烈二世(1220—1250 年在位),面临着来自德国诸侯统治者、教皇和意大利对手的挑战,特别是伦巴第城市同盟的反对。

右图:一幅泥金手抄本中的插图,画的是 13 世纪的威尼斯。这座城市在中世纪成为世界贸易中心。

腓特烈一世（1152—1190 年在位）绰号"巴巴罗萨"或"红胡子"，是霍亨斯陶芬王朝的第二位皇帝。他继承了叔父康拉德三世的王位，是一个强有力的统治者，但他的地位受到众多显赫的贵族世家日益增长的势力的挑战，尤其是萨克森的韦尔夫家族。"傲慢的亨利"是韦尔夫家族的首领，曾经与康拉德三世对战。他与其子"狮子亨利"分别被称为萨克森公爵和巴伐利亚公爵，是"巴巴罗萨"统治时期的关键人物。"狮子亨利"1176 年与皇帝决裂后，1180 年被剥夺土地并被流放。腓特烈致力于维护和扩大意大利境内的帝国权力，从 1154 年开始，他对意大利发动了六次远征，1176 年在莱尼亚诺被伦巴第同盟击败。虽然霍亨斯陶芬的领土范围仍然相当可观，但腓特烈一世在德国的地位还是被削弱了。最终，他淹死于第三次十字军东征的途中。

腓特烈二世热衷于艺术和智识生活，创立了那不勒斯大学。他会讲包括阿拉伯语在内的六种语言，宫廷里有阿拉伯、希腊和犹太学者。他帮助将阿拉伯和希腊的科学引入意大利，乃至更广泛的欧洲，并发展了早期意大利本土语言及文学。

腓特烈二世的孙子康拉丁于 1268 年被安茹的查理打败并处决，查理是被教皇封为西西里岛国王法国路易九世的兄弟，他终结了意大利南部的霍亨斯陶芬王朝，但 1282 年，西西里岛起来反叛并驱逐了查理，继而投奔西班牙东部的统治者阿拉贡家族。对意大利的反复战争投入了太多的精力，使得神圣罗马帝国在德国的统治地位被削弱了。

左图：腓特烈·巴巴罗萨从 1155 年到去世前一直是神圣罗马帝国的皇帝，也是中世纪最重要的德国统治者之一。

俄罗斯、东欧与蒙古征服

在成吉思汗（约 1160—1227 年）及其继任者的统治下，蒙古人的广泛征服影响了包括东欧在内的欧亚大陆的大部分地区。欧洲人从来没能打败蒙古人，欧洲人觉得幸运的是成吉思汗的武力集中在攻击中国，然后才是中亚。然而，情况从 13 世纪 20 年代初发生了变化，当时蒙古军队入侵克里米亚，在亚速海以北的卡尔卡河击败了俄罗斯人。更严重的是，在 13 世纪 30 年代末，挑战再次开始，俄罗斯公国被占领。由于蒙古攻城工兵削弱了防御工程的价值，主要的中心城市失陷了，比如坚固的城市梁赞，1237 年，在一支救援部队被蒙古人击败后，该城被轻松攻占。1238 年和 1239 年，包括苏兹达尔和基辅在内的许多城市沦陷。这一时期没有一个城市看起来是安全的。

1241 年，蒙古人顺利地入侵波兰和匈牙利。蒙古人穿过冻结的维斯瓦河，劫掠了克拉科夫，并搅入西里西亚。在莱格尼察，蒙古军队分为左右犄角，从侧翼包抄了他们的对手，击败了波兰—德意志联军。然后继续在莫希击败匈牙利人。布达很快就沦陷了。当大汗死亡的

下图: 蒙古人迅猛地攻入欧洲内部，但这一进程在 1241 年戛然而止，此后他们在欧洲的影响仅限于俄罗斯境内。

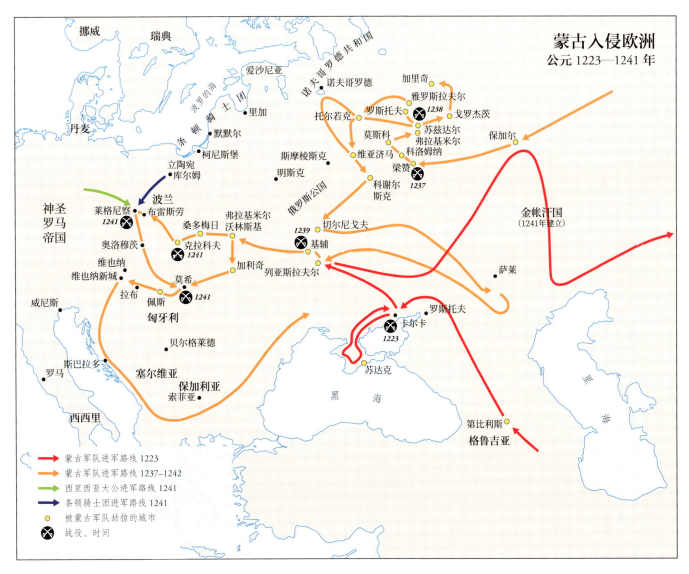

中世纪的东欧

左图：14 世纪《海德薇抄本》中对莱格尼察战役的描绘。

右图：1488 年的《匈牙利编年史》中展现的路易大帝，他同时作为匈牙利和波兰的国王进行统治。

消息传来时，入侵欧洲的蒙古人才撤退。

蒙古人沿着"丝绸之路"发展了现有的联系，这成为进入欧洲的新思想和新产品的关键来源，如 13 世纪中期从中国进口的火药。而欧洲人在向东方施加影响力方面却远没有那么成功。

东欧的关键国家是匈牙利和波兰，但它们的实力和稳定性差异很大。还有一些较小的国家，如塞尔维亚，能够影响事态发展。从 10 世纪后期开始，波兰成为一个主要国家，信奉基督教帮助它得到了德国人的承认。然而，波兰君主制的力量受到了大贵族权力崛起的冲击，同时，允许省份成为皮亚斯特王朝的成员参与执政，也对其造成了影响。博莱斯瓦夫三世（1102—1138 年在位）在遗嘱中将波兰分给诸子，这使得波兰难以抵抗贵族的崛起和德国的扩张，这段"分裂时期"一直持续到 1320 年。相比之下，匈牙利在 12 世纪后期扩张了相当大的版图，特别是进入克罗地亚南部、波斯尼亚和瓦拉几亚，而在 12 世纪 80 年代，塞尔维亚和保加利亚都从拜占庭的控制中获得了独立，各自都以牺牲拜占庭为代价进行大规模的扩张。

遭受蒙古入侵的大规模破坏之后，俄罗斯建立了一些朝贡国，匈牙利和波兰也建立了新王朝。他们都难以控制自己的贵族，也不得不面对当时复杂的强权政治。这些国家和其他国家都没有明显的领土边界。14 世纪中期，匈牙利的安茹王朝统治者进行了大规模的领土扩张。1370 年，匈牙利的路易大帝也继承了乏嗣的卡西米尔大帝，成为波兰的国王。然而，这种融合在 1382 年路易去世后不久就结束了，这表明国家建设的本质是动态的，尤其是在东欧。路易王朝的辖区囊括了从亚得里亚海到黑海，从塞尔维亚的瓦尔达尔河谷到普鲁士边境的广大地区，但这是一种松散的

联合，其背后没有政治、战略、经济、地理或种族逻辑，也没有真正的利益群体或观点支持。

路易没有儿子，他将遗产分给了两个女儿。海德薇格与立陶宛人贾吉洛的联姻促成了波兰和立陶宛结盟，这个联盟一直持续到 18 世纪末，帮助了在蒙古入侵后的混乱中迅速扩张的立陶宛派系在欧洲天主教地区的稳定。路易的另一位女婿西吉斯蒙德（1387—1437 年在位）成功地整合了匈牙利、波希米亚、神圣罗马帝国皇帝的地位以及该帝国中一些重要的财产。然而，事实证明，他无法平息波西米亚的胡斯派叛乱，他的家族在帝国的地位也被崛起的奥地利哈布斯堡家族所取代，该家族在 13 世纪晚期接管了奥地利。1438 年，哈布斯堡家族的阿尔伯特二世成为神圣罗马帝国的皇帝，从此后直到 1806 年，神圣罗马皇帝的职位一直被哈布斯堡家族控制，中间只短暂地中断过一次。

再征服运动

在 8 世纪早期，伊斯兰教统治了西班牙和葡萄牙，之后是漫长的基督徒再次征服的过程。基督徒在西班牙和葡萄牙取得了比在近东地区大得多的成就。11 世纪末，再次征服运动因 1085 年的托莱多之战与 1094 年的瓦伦西亚之战的爆发而加快了步伐。然而，来自北非的干预，先有阿尔莫拉维德王朝（11 世纪 60 年代），后有阿尔摩哈德人（12 世纪 50 年代），为穆斯林的抵抗注入了新的能量。12 世纪见证了基督教的重大进步。随着 1147 年对里斯本的占领，一个独立的葡萄牙极大地扩张了版图，英国十字军为此作出了巨大贡献。

在 13 世纪早期，再次征服运动再次加快了步伐，恢复了 11 世纪末所显示出的活力。1212 年，卡斯蒂尔的阿方索八世指挥卡斯蒂尔、阿拉贡、纳瓦拉和葡萄牙的联

上图：1212 年的拉斯纳瓦斯－德－托洛萨战役是再次征服运动的一个转折点。

合军队，在拉斯纳瓦斯—德—托洛萨击溃了哈里发。这是收复失地运动中关键而持久的胜利，在当时被认为是一次关键的成功。

西班牙南部的大部分地区在 1275 年被收复，包括科尔多瓦（1236）和塞维利亚（1248）。葡萄牙的最后一个伊斯兰阵地法罗，在 1249 年失守。西班牙最后一个伊斯兰阵地格拉纳达，在 1492 年被攻陷。这些战争帮助界定了欧洲大部分地区的社会和文化。许多伊斯兰教遗址被摧毁或改造。清真寺变成了教堂，就像在法罗一样，又回到了他们被伊斯兰教占领之前的功能。在科尔多瓦，大清真寺内建了一座大教堂。穆斯林被驱逐或沦为农奴和奴隶。在这之后，伊斯兰教的习俗也被禁止了。再次征服者创立了激进的基督教社团。

走向统一的法兰西

加洛林王朝的最后一位国王路易五世于 987 年去世。休·卡佩被推举接替王位，他开创的卡佩王朝成为法兰西新的统治王朝，并延续了 800 多年。然而，这时期豪门贵族为自己赢得了更大的自治权。到 10 世纪末，国王的领地基本上只局限于法兰西岛，即巴黎周边地区。在其他地方，郡县和法院不再是公共机构，地方官员职位被纳入大贵族的庇护体系。伯爵们行使着统治权力：他们铸造硬币，召集军队，建造城堡。郡县政府并没有试图取代国王，他们根本不需要这样做，有些人自身就和国王

左图：休·卡佩于 987 年在法兰西建立了卡佩王朝。

下图：14 世纪中期的《法兰西编年史》中的英格兰亨利二世和阿基坦的埃莉诺。

一样强大。在 1066 年诺曼底公爵成为英格兰国王威廉一世后，情况尤其如此。英格兰的亨利二世（1154—1189 年在位，也是诺曼底、缅因州和安茹的统治者）与阿基坦的埃莉诺结婚后，他控制了法国南部的大部分地区。

然而，在接下来的一个世纪里，直接归于国王治下的法兰西王室领地急剧扩张。菲利普·奥古斯都（1180—1223 年在位）的决心和军事成功致使英格兰国王约翰在 1203—1204 年失去了诺曼底和安茹。约翰对这些地区的重新征服失败，其子亨利三世（1216—1272 年在位）也未能夺回这些土地，并失去了普瓦图。他的继任者爱德华一世（1272—1307 年在位）和爱德华二世（1307—1327 年在位）致力于征服苏格兰，但都以失败告终。

大宪章和议会的崛起

对法战争的失败及政治腐败导致了国王约翰（1199—1216 年在位）陷入不得人心的危机，这导致了 1215 年的《自由宪章》——后来被称为《大宪章》的产生，该宪章以书面形式限制王室权力，并规定王权居于法律之下。

虽然文件中没有提到议会，但《大宪章》是议会发展的一个重要阶段，它将税收与议会同意权联系起来。此外，议会被证明是建立宪政政府的途径，它比君主颁布特许状更为有效。在亨利三世（1216—1272 年在位）统治时期，郡选议员开始进入议会，选定的城镇也派出了他们的代表。议会的制度惯例和主张就此确立，并得以详尽阐述，王室经常需要提高税收来为战争买单，这使议会变得更加重要。这些特征有助于区分英国议会与欧洲大陆的议会。此外，议会是整个王国的代表立法机构，而不是王国的一部分。

上图：1215 年签署的《大宪章》限制了君主的权力。

苏格兰独立战争

苏格兰在经历了数次艰巨斗争之后保持了独立。从12世纪末到13世纪末，君主们将他们的权力从中部低地，扩展到加洛韦、马里、阿盖尔、罗斯、凯斯内斯和西部群岛。更广泛的社会、经济和文化发展也有助于提高凝聚力。随着王室中心地区的运行模式传播到其他地区，"苏格兰"的概念变得更加明确。独特的苏格兰教会的形成也促进了民族认同感的发展。亚历山大二世（1214—1249年在位）未能成功地利用英格兰分裂来谋求苏格兰对诺森伯兰、坎伯兰和韦斯特莫兰的主权，但坎莫尔王朝在亚历山大三世（1249—1286年在位）的统治下达到了顶峰。接替他的是三岁的"挪威少女"玛格丽特。她与未来的爱德华二世有婚约，这本将促进苏格兰与英国王室的结合，可玛格丽特在13世纪90年代就去世了。当时英格兰的爱德华一世试图统治苏格兰，但从1290年代起就面临着苏格兰人顽强的抵抗。1314年，苏格兰的罗伯特·布鲁斯一世，在班诺克本击败了爱德华二世。1328年，《北安普顿—爱丁堡条约》承认了苏格兰的独立和布鲁斯的王权。

百年战争

随着1337年百年战争的爆发，英国和法国之间的冲突重新开始，这场战争见证了英国国王爱德华三世（1327—1377年在位）继承了法国的王位。随后的战争形势喜忧参半，而长弓手的使用帮助英格兰在克雷西（1346年）和普瓦捷（1356年）的战役中取得了胜利，从而促成了《布雷蒂尼和约》的签订（1360年）。在《布雷蒂尼和约》中，爱德华承诺放弃他对法国诺曼底和安茹的王位继承权，但被承认为阿基坦公爵和加来港的统治者，加来港于1347年被英国占领。然而事实证明，英国人对阿基坦的控制很难维持，很快就被赶出了阿基坦的大部分地区。这是对这一时期政治命运的变幻莫测的一种警示。

直到1415年亨利五世（1413—1422年在位）入侵法国，英国才重新获得主动权。在阿金库尔战役中，英国长弓手削弱了法军的连续进攻，令法国遭受惨重损失。亨利也得到了来自法国内部强大的支持，因为这场冲突在一定程度上是法国内战，尤其是奥尔良公爵和勃艮第公爵之间的内讧在国际层面的外化，这场冲突还受到低地国家、德意志和伊比利亚的国际关系的影响。在亨利于1415—1417年间征服诺曼底之后，法国国王查理六世将他的女儿凯瑟琳许配给了亨利，并承认亨利为自己的继承人。亨利希望接收法国在基督教世界的领导地位，这成了英国议会的主要焦虑之一，议会希望将英法两国的王冠分开，以确保英国不致沦为法国的一个卫星国家。

然而，查理六世的儿子——王储（1422年继位的查理七世）继续抵抗。英国人取得了一些成功，直到1429年，查理得到了神选者圣女贞德的激励，贞德令英国人对奥尔良的围攻破产。随着军事优势平衡点的转移，英军失去了政治支持，法军在1449—1451年间占领了诺曼底和

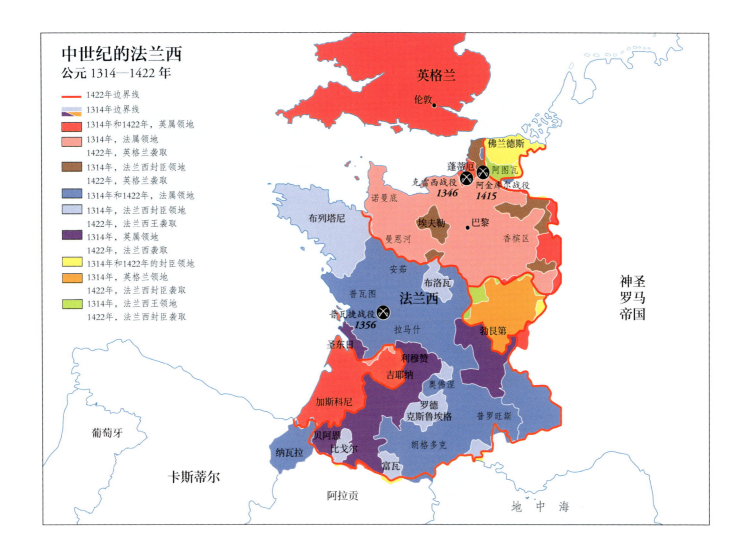

中世纪的法兰西

公元 1314—1422 年

- 1422年边界线
- 1314年边界线
- 1314年和1422年，英属领地
- 1314年，法属领地
  1422年，英格兰袭取
- 1314年，法兰西封臣领地
  1422年，英格兰袭取
- 1314年和1422年，法属领地
- 1314年，法兰西封臣领地
  1422年，法兰西王袭取
- 1314年，英属领地
  1422年，法兰西袭取
- 1314年和1422年的封臣领地
- 1314年，英格兰领地
  1422年，法兰西封臣袭取
- 1314年，法兰西王领地
  1422年，法兰西封臣袭取

英格兰

伦敦

佛兰德斯

蓬蒂厄　阿图瓦

克雷西战役　阿金库尔战役
1346　1415

诺曼底

布列塔尼

埃夫勒　巴黎

曼恩河　香槟区

安茹　布洛瓦

法兰西

普瓦图

普瓦捷战役　拉马什
1356

圣东日

利穆赞　勃艮第

吉耶纳　奥佛涅

加斯科尼　罗德　普罗旺斯
克斯鲁埃格

贝阿恩　朗格多克
比戈尔

葡萄牙　纳瓦拉　富瓦

卡斯蒂尔

阿拉贡　地中海

神圣
罗马
帝国

加斯科尼，然后在 1453 年击退了英军的反攻。虽然英国人仍然声称拥有法国的王位，但他们失去了对于加来之外的地盘的控制，1558 年，加来也失守了。直到 1802 年，英国才放弃对法国王位的要求，但诺曼底公国、"安格文帝国"和兰开斯特王朝的法兰西都已不复存在。

这一失败并没有抑制住英国的民族意识。事实上，英国与法国的纠葛可以说推动了民族国家的发展，而不是延缓了其发展，其中包括鼓励仇外心理、帝国战争宣传、服兵役、国家税收，还有议会角色的相关扩张。与其他场合一样，战争有助于塑造一种"我们"和"他们"的观念，这种观念对英国人的身份认同很重要。在教皇与王室及其他势力的意见相斥、相互对峙的背景之下，前宗教改革时代的"民族"教会业已成型。

重叠的司法管辖区、跨境的贵族统治和英国在金雀花王朝内部不同领土的融合，都阻碍了民族意识的发展。因此，在后来的百年战争中，企图夺取法国王位的彻底失败具有重大意义。英格兰国王失去对法兰西帝国的掌控，使得英国迥然有别于大陆王朝，尤其是哈布斯堡、瓦卢瓦、阿拉贡和瓦萨王朝，这些王朝都试图在西欧建立幅员辽阔的大帝国。

上图：百年战争的发生，是法国复杂的建国历程的一部分。

瑞士的起源

从 13 世纪末开始，瑞士成功地挑战了哈布斯堡王室的统治，在莫尔加滕（1315 年）和楚格附近 (1386 年) 取得重大胜利之后，瑞士于 1389 年建立了自治州联邦。威廉·泰尔，一个虚构的人物，成为争取独立斗争的象征。在 14 和 15 世纪，联邦迅速扩张，特别是在东南、东北和西部。其中一些进展是暂时的，但事实证明，瑞士步兵的战斗能力对他们的成功至关重要。1499 年，瑞士人强迫马克西米利安皇帝承认他们的独立有效，这是对他们的决心的奖励。

左图： 迪博尔德·希林在《伯尔尼官方编年史》中所作的关于 1315 年莫尔加滕战役的插图，该书讲述了伯尔尼市的历史，完稿于 1484 年。

市场经济的发展

从 10 世纪到 14 世纪，农业的繁荣得益于人口的增长与技术的改进，增长的人口提供了市场和工人，而改进的技术，包括 11 世纪风车的引入。水力磨坊的普及也促进了谷物研磨业的发展。在耕作工具方面，耕牛转变为更快、适应能力更强（尽管更昂贵）的马。在包括英国在内的欧洲部分地区，豆类（如菜豆和豌豆）的大规模田间种植始于 13 世纪，这可以使土壤变得肥沃，也为牲口提供了饲料。富人发现，这些生产技术的变化比保持自由农民小生产者的独立地位更容易让自己受益，许多农民受到新形势的打击，沦为从属地位。

因为市场的发展，重商主义也与农业生产的增长关联起来，主要表现在为了提供纺织工业所需的羊毛，农业重心向绵羊饲养迁移。纺织工业是欧洲的主导产业，遍布整个欧洲大陆，尤其在意大利北部、比利时（特别是布鲁日城和根特市），并最终在英国蓬勃发展。绵羊养殖为土地所有者和相关商人带来了利益。

这其中也存在着地域差异。例如，贸易的扩大和地方产业的发展，特别是纺织业和冶金业，使得意大利北部成为一个发达的经济区。相形之下，意大利南部停滞不前，日益成为北部城市的食物和原材料的来源地，北方城市，特别是热那亚和威尼斯，控制着其对外贸易。

随着财富分配的扩大，社会变得更加复杂。货币交易、流通数额、国内外贸易、职业专门化、社会流动性和识字率都有所增加，工业也蔓延到一些农村地区。

在农村社会，关键的发展是从用服务或物品支付租金转变到用货币支付租金。这对市场经济的发展至关重要。在战争中，领主的徭役被有偿的职业士兵所取代。资金管理对地主、机构和政府来说变得更加重要，这种形势激励了专业技术和职业精神。在整个欧洲，资本主义运作方式传播开来，且变得更加复杂。

下图：《贝里公爵的豪华时祷书》中的一幅插图，描绘了 7 月的活动，包括剪羊毛和收割小麦。该书是一本关于时间历法的书，写于 1412 年到 1416 年之间。

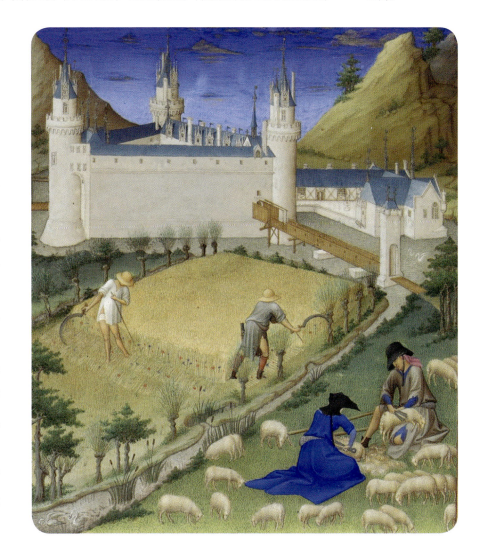

黑死病与社会

黑死病（1348—1350年盛行）是一场可怕的瘟疫大爆发，病毒由黑鼠传播的跳蚤以及人类身上的跳蚤和虱子携带，沿着"丝绸之路"向西传播。从蒙古逃离并进入克里米亚的热那亚商人将疾病带回欧洲；首先是西西里岛，可能是经由船上寄生于黑鼠身上的鼠蚤携带。1348年初，这种疾病在意大利北部出现，并从那里迅速传播开来。

加剧瘟疫毁灭性后果的其他因素包括人口数量增长带来的生存需求的压力，以及"小冰河期"气候的持续下降对农业生产力和总体健康状况的长期影响，这些因素一直持续到18世纪。气温下降，乃至可供农作物生长的季节缩短，而冰川（缓慢）的推进，对粮食产量也产生了重大影响。

据统计约有30%—60%的欧洲人口死于黑死病，其中城市死亡人口的比例更高。1348年佛罗伦萨，有近60%的人感染了这场瘟疫。欧洲人口持续相对低迷，直到16世纪才再次增长。劳动力短缺是其主要后果。土地抛荒，村庄荒废，农业生产下降，给财税收入带来了压力。

人口的大规模下降导致了严重的劳动力短缺，这在不同地区产生了截然不同的后果。在东欧，劳动力短缺助长了农奴制的蔓延；而在西欧，加强对农民控制的措施却失败了。相反，劳动力的短缺使西欧农民得到了大力推动废除农奴制的机会。

奥斯曼帝国的扩张

奥斯曼帝国起源于安纳托利亚西北部边境地区的

左图：《佛罗伦萨瘟疫》：19世纪早期根据乔万尼·薄伽丘的描述而创作的一幅关于黑死病的插图。在佛罗伦萨，超过一半的人口因瘟疫而丧生。

一个封邑。14世纪，奥斯曼人成为位于黑海和爱琴海之间的马尔马拉海两岸的一股重要力量。1361年，他们占领了阿德里安堡（埃迪尔内），并于1402年迁都于此。面对奥斯曼帝国来势汹汹的扩张浪潮，基督教国家表现得无能为力，保加利亚迅速沦陷。1385年，索菲亚落入土耳其人手中，1386年被尼什占领。奥斯曼土耳其人势不可当地前进，赤裸裸地暴露了基督教抵抗的弱点。

随后危机逐步升级。1389年，拉扎尔国王的塞尔维亚军队在科索沃被奥斯曼人击败，塞尔维亚的抵抗被粉碎。塞尔维亚和瓦拉几亚成为奥斯曼帝国的附属国，君士坦丁堡被封锁，希腊的色萨利也被征服。1396年，一支被派往解救拜占庭的匈牙利—法兰西十字军在多瑙河上的尼科波利斯被击溃。大多数来自法兰西的西方骑兵，冒冒失失地冲过了奥斯曼的步兵阵线，结果在奥斯曼的枪阵前被打散，于是他们只好撤退，却又被奥斯曼投入的骑兵预备队击溃。东基督教世界似乎注定要灭亡。

拜占庭的剩余部分只有在中亚征服者"跛子帖木儿"（帖木儿大帝）于1402年在安卡拉附近取得摧毁奥斯曼军队的极大成功后才得以保存下来。这恰如13世纪初，蒙古战胜了他们的阿拉伯对手，推迟了中东幸存的十字军阵地的失败一样。

尽管1421年对君士坦丁堡的围攻失败了，苏丹穆拉德二世（1421—1444和1446—1451年在位）还是恢复了奥斯曼帝国的地位。15世纪30年代，穆拉德占领了巴尔干半岛的大部分地区，并于1439年吞并了塞尔维亚。1443年，为了应对奥斯曼帝国的入侵，匈牙利的沃拉迪斯拉斯一世（波兰的瓦拉迪斯劳三世）领导发起了一场十字军"圣战"。最初，十字军占领了尼什和索菲亚，并于1444年一直进军到黑海上的瓦尔纳。然而，他们被击溃了，沃拉迪斯拉斯在那里被穆拉德二世杀死，穆拉德二世在战斗中发挥了重要作用。1448年，穆拉德在科

索沃击败了匈牙利领导的十字军。拯救君士坦丁堡的希望就此破灭。

穆罕默德二世（1444—1446和1451—1481年在位）于1453年占领了君士坦丁堡，这得益于其兵力优势和火炮的熟练使用。他还占领了莫雷亚半岛（伯罗奔尼撒半岛）和爱琴海的一些岛屿。1456年奥斯曼帝国对贝尔格莱德的围攻和1440年一样失败了，但奥斯曼帝国在1458年正式吞并了塞尔维亚，并把瓦拉几亚变成了一个属下的公国。1463年，奥斯曼帝国征服波斯尼亚；1478—1479年，奥斯曼帝国最终征服了阿尔巴尼亚。

1480年，奥斯曼大军在意大利南部的奥特兰托登陆，进入攻击罗马城的对战距离。西罗马帝国早在一千年前就不复存在了，对西欧的新一轮征服似乎迫在眉睫。

莫斯科势力的崛起

在蒙古征服之后，金帐汗国统治了俄罗斯的欧洲部分，它是蒙古的继承国，向俄罗斯征收贡品，并四处掠夺他们的人口作为奴隶。

然而，在部落被帖木儿（坦伯兰）削弱后，金帐汗国分裂了。这为其他公国，特别是为莫斯科大公国提供了机会。1453年君士坦丁堡的陷落使俄罗斯获得了东正教的领导地位，这激发了"统一罗斯人土地"国策的产生。1456年，在斯塔拉亚·鲁萨，莫斯科公国的大公瓦西里二世充分采用了鞑靼雇佣兵提供的骑射手，击败了来自强大的城邦诺夫哥罗德的一支以枪骑兵见长的部队。结果，诺夫哥罗德被迫接受了莫斯科人的统治，这是巩固基督教俄罗斯的重要一步。诺夫哥罗德最终在1477年被占领，部分原因是俄罗斯大公伊凡三世利用了它的社会和政治分裂。其他俄罗斯公国在15世纪50年代和60年代被莫斯科公国征服，并纳入治下。

第五章

文艺复兴
与
宗教改革运动

第五章

文艺复兴与宗教改革运动
1450—1650 年

我们今天所熟视无睹的许多事物，已经可见于
15 至 18 世纪，因此这段历史通常被称为"早期现
代"时期，这个概念可能会淡化它与中世纪的联系。
这一时期发生的寰球远洋探险、文艺复兴和宗教改
革运动，都使得世界拥有了一个更具活力的西欧，
到 1650 年时，西欧的商人及其势力已经遍及世界
各地。

远洋探索

葡萄牙人在 1415 年征服了摩洛哥的休达，然后沿着
北非的大西洋海岸向南航行，希望发现横穿撒哈拉沙漠
运抵那里的黄金的源头，并找到"祭司王"约翰——一
位在埃塞俄比亚基督徒中传说的神秘领袖，葡萄牙人计
划与这位领袖一起将圣地从伊斯兰势力中解放出来。15
世纪 40 年代，他们到达了几内亚海岸，15 世纪 80 年代
抵达了刚果河口。

欧洲人对更广阔世界的大小和形状有了越来越深的
了解。1488 年，巴尔托洛梅乌·迪亚斯肩负葡萄牙的使
命绕过好望角，沿着一条新的线路进入印度洋。1498 年，
同时代的葡萄牙航海家瓦斯科·达·伽马在从欧洲到印
度的第一次全程海上航行结束时到达了卡利卡特。（位
于印度西南部，今天的科泽科德。中国史称古里，郑和

航海家亨利王子（1394—1460 年）

亨利王子是国王若昂一世的第三个儿子，也
是葡萄牙海外扩张的关键人物，但实际上他的航
行并没有到过比摩洛哥更远的地方。在某种程度
上，为了便于向摩尔人进攻，亨利充分利用他控
制基督骑士团的便利来援助葡萄牙的海外扩张，
并试图专注于研究航海技艺。为此，他于 1416 年
在萨格里什建立了一所航海学校。在亨利的领导
下，葡萄牙航海家发现了大西洋信风模式。1415
年，葡萄牙人攻占休达港，亨利受此鼓舞，在其
兄弟爱德华〔即杜阿尔特一世。（1433—1438 年在
位）〕的帮助下，奋力寻找那些穿越撒哈拉沙漠
将黄金运抵西非的商队的源头。亨利王子笃信天
主教，终身未娶，去世时负债累累。后来，人们
称他为"航海家"。

上图：为了寻找西非黄金的源头，航海家亨利王子试图谋求扩充葡萄牙海军力量。

下西洋船队重要补给点。郑和第七次下西洋途中病逝于此。）他的战舰用重型大炮扑灭了来自印度战船的抵抗。

葡萄牙在印度洋海域建立了一个海洋商业帝国。远距离贸易带来了利润，但也需要财政花销，这导致了葡萄牙人在贸易中发展出独特的商业运营方式，其中包括股份制公司。葡萄牙人将贸易基地建立在更远的地方，尤其是在中国澳门和日本长崎。蓬勃发展的越洋扩张留下了宏伟的建筑遗产，例如位于里斯本贝莱姆的绝妙非凡的杰罗尼莫斯修道院。

根据1493年瓜分新世界的教皇子午线，以及1494年的《托德西拉斯条约》，葡萄牙获得了非洲、印度洋以及未来将被"发现"的巴西，而西班牙则获得了美洲其他地区。1529年，《萨拉戈萨条约》在亚洲东部画出了一条类似的界线。葡萄牙和西班牙还占领并殖民了大西洋东部的加那利群岛、马德拉群岛、亚速尔群岛和佛得角群岛，这些岛屿是通往西印度群岛和南美洲的重要中转站。1483年，大加那利岛最终被卡斯蒂尔人征服，特尼里弗岛也在1496年向卡斯蒂尔人投降，而亚速尔群岛那时还是杳无人迹的荒岛。

科技发明在欧洲人的海外探索中发挥了关键作用。12世纪时西方人就使用罗盘导航了。起初，它只不过是一根漂浮在水中的指针，后来发展成了一个旋转指示器。到了15世纪，指南针可以弥补"真北"和"磁北"之间的巨大差距，使旅行者确定方向更为便利。

西方贸易的增长受到了海盗的挑战，这些海盗有的来自欧洲，也有的来自欧洲以外的地方。土耳其海军的力量也威胁到西方在地中海的地位，争夺进军印度洋的机会。然而，欧洲人在这两个地区的一系列斗争中都取

得了胜利，尤其是1571年的勒班陀之战。欧洲人也在远程贸易方面投入了更多的努力。

文艺复兴

文艺复兴时期，不仅仅是艺术破茧待出，经过早期的酝酿，文艺复兴于15世纪在意大利北部和中部获得了发展声势。这其中，一个重要的推动力是人文主义学者对古典（希腊和罗马）文学知识的复兴和兴趣。学者和作家越来越多地使用文献学（语言研究）作为工具，以提供准确的经典文本，便于理解它们。这次复兴带来了有关古代世界的新信息，更重要的是，它为近代和当前形势提供了某些理解模式。人本主义学习与自觉批判性阅读原始资料有关。西方世界对时间的理解发生了转变，文艺复兴时期的思想家试图超越腐朽堕落的当下，去把握一个更为美好的过去。这种时间概念与基督教思想迥异，基督教思想强调的是堕落的人类需要等待基督的第二次降临来实现救赎。而文艺复兴的思想家们则恰恰相反，为了区分一个"黑暗时代"

左图：人文主义得益于古希腊和罗马文本的重新发现。在这幅15世纪的图像中，意大利人文主义运动的领军人物之一克鲁西阿·萨留塔蒂（1331—1406）在阅读一部经典文本。

伽利略

文艺复兴时期出现的许多知识探索的风潮后来虽然仍在继续，但遭到了越来越多的反对。伽利略（1564—1642年）是一个自觉的理性主义者，同时也是太阳系的实证研究者。他先是在帕多瓦大学任职数学教授，后来辞去教职，接受了托斯卡纳公国大公聘请，担任宫廷首席数学家。伽利略以最新发明的望远镜为基础，帮助证实了尼古拉斯·哥白尼（1473—1543年）提出的相关观点，特别是地球围绕太阳运转的论点。伽利略的行为冒犯了天主教会。

和一个更早的古代，他们在叙述中插入历史，这为当时和将来的复兴提供了可能性。1345年，意大利第一位重要的人文主义者、诗人弗朗西斯科·彼特拉克（1304—1374）发现了西塞罗的《致阿提库斯的信》，在人们发现逸失的古典文本并对它们施以关注的历程中，彼特拉克的这一发现称得上是一个关键环节。

文艺复兴时期的艺术中心是意大利北部和中部，尤其是佛罗伦萨、威尼斯和罗马。曼图亚和乌尔比诺等地的诸侯宫廷也很重要。绘画、雕塑和建筑都是重要的艺术活跃领域。对前两者来说，对人类的准确描绘尤为重要。米开朗琪罗和莱昂纳多·达·芬奇是关键人物，他们创作了一些文艺复兴时期最令人难忘的作品，如前者的《大卫》雕塑和后者的《蒙娜丽莎》画作。欧洲北方也掀起了文艺复兴，特别是在比利时的布鲁日和根特。其中的关键人物是德西德里厄斯·伊拉

前页：德西德里厄斯·伊拉斯谟是北方文艺复兴的领军人物。他的著作提出了许多哲学和神学问题，为宗教改革奠定了基础。

下图：米开朗琪罗于1508年至1512年间画在西斯廷教堂的穹顶上的《创造亚当》，是文艺复兴时期创作的众多令人印象深刻的艺术作品之一。

斯谟（1469—1536），一位编辑了《〈圣经〉新约》的荷兰人文主义者。其他北方的主要文化中心城市包括了德国的奥格斯堡。

印刷术

1439 年左右，约翰内斯·古腾堡开始在德国美因茨使用他的第一台印刷机。作为一名金匠，他采用了现有的技术和机器（主要是在模具上反面雕刻字母的技术以及金属冲床和印刷机），并创建了一个可以移动和复制单个字母的印刷系统。与中国相比，西方语言的字符数量有限，而且他掌握了用于制作字模的锡、铅和锑等金属的性能信息，这些都使得他受益匪浅。

1464—1465 年，第一台印刷机传入意大利，到 1500 年，欧洲已有 236 个城镇拥有印刷机。到了 1600 年，欧洲出版了 39.2 万多种各类书籍。主要的印刷中心包括威尼斯、里昂、纽伦堡和安特卫普。印刷商必须专注于寻求利润，但这并不妨碍他们在促成一定程度的变革，帮助开创一个不同的世界方面发挥作用。新教改革尤其如此，它严重依赖印刷出版物

的力量来克服讨论和传播思想的传统限制。此外，《圣经》的印刷使印刷品成为更权威的信息来源。尽管印刷术是知识和文化传播的一种主要形式，但同时它也造成了巨大的社会和地理差异，尤其是在读写能力方面。

下图： 1439 年约翰内斯·古腾堡印刷机的复制品。这项发明迅速传遍欧洲，文字印刷对欧洲社会产生了重大影响。

意大利战争

　　1494 年，法国的入侵引发了所谓的意大利战争。这场战争不仅反映了意大利的分裂，而且也反映了外部统治者新的（或者更确切地说是重新燃起的）干预意愿。1495 年，法国查理八世（1483—1498 年在位）征服了那不勒斯并宣称对其拥有领主权利，这不但引起了意大利人的反对，还遭到了两位颇具野心的强大统治者的反对：神圣罗马帝国皇帝马克西米连一世（1508—1519 年在位）和阿拉贡的斐迪南二世（1479—1516 年在位），斐迪南二世是阿拉贡、西西里和撒丁岛的统治者，他还是卡斯蒂尔·伊莎贝拉女王的丈夫。由此产生的竞争导致了一系列冲突和重大战役，尤其是 1525 年法国的弗朗西斯一世在帕维亚被查理五世打败并俘虏。这一系列战争直到 1559 年才最终结束，战争削弱了基督教世界对土耳其进攻的回击。意大利统治者不得不顺应外来者的意愿，重新在托斯卡纳确立地位的美第奇家族则感激查理的支持。最终于 1559 年，西班牙和法国签订了《卡托—康布雷齐条约》，条约规定，米兰和那不勒斯等地交由西班牙的菲利普二世（马克西米连、斐迪南和伊莎贝拉的曾孙）控制，由此西班牙哈布斯堡王朝将统治包括罗马教廷在内的意大利。

下图：16 世纪的一幅绘画描绘了帕维亚战役的场景，法国国王弗朗西斯一世被神圣罗马帝国皇帝查理五世的军队打败。

查理五世，第一个"全球性"统治者

1519 年，西班牙的查理一世，作为阿拉贡、卡斯蒂尔、哈布斯堡和勃艮第的继承人，被选为神圣罗马帝国皇帝查理五世。这给他带来了前所未有的权力和自命不凡的信心，特别是因为他的西班牙臣民在美洲插上了他的旗帜，这将是巨大财富的源泉。借助自己的权力所及，查理五世能够充分利用意大利和德国的金融和商业网络。这些条件的存在确保了查理五世开启西班牙越洋扩张的可能性，而不仅仅是使用早期征服阶段"打砸抢"的做法。通过与西班牙的合作，德国和意大利的利益得到了保护。

然而，查理五世面临着三个持续的挑战：来自法国人和土耳其人的反对以及宗教改革运动。起初，他在西班牙国内也面临着反对，1519—1521 年间，西班牙爆发了起义，反对他推广使用法语和聘用非西班牙人顾问，反对征收新税，反对他破坏现有的政治酬庸体系。通过赢得贵族的支持，查理镇压了这些起义。查理的野心主要专注于荣誉和荣耀，与他的前任一样，他非常重视自身的威望和地位。对声誉的追求在他的决策中起到了至关重要的作用，包括在处理领地之间的冲突时也是如此。除了对家族利益和个人意志的担心外，在查理统治的许多领地上活跃着的地方势力也对查理的统治形成了压力。

为了反对新教徒和穆斯林势力，作为天主教会的保护者以及天主教会在新世界的传教者，查理五世为西班牙君主制提供了新的全球性角色，而西班牙君主制是由他的祖父母——阿拉贡的斐迪南和卡斯蒂尔的伊莎贝拉开创的。这一全球性的角色在塞维利亚宫殿中的"审判室"中得到了体现。阿莱霍·费尔南德斯的一幅祭坛画描绘了

左图：查理五世是他所处的时代中最强大的统治者。他统治着神圣罗马帝国和西班牙，广阔的领土为他提供了巨大的财富和强大的军事力量。

上图：阿莱霍·费尔南德斯于 1531 年至 1536 年间绘制的《航海者的圣母》，画中圣母保护着查理五世派往新大陆的船只。

航海家的圣母为西班牙征服者、征服者的船只以及查理展开了具有保护力量的斗篷。在别处也有所展现，查理的儿子菲利普二世在马德里附近建造了埃斯科里亚尔宫，宫殿的皇家陵墓入口上方有华丽的拉丁文铭文，称查理为"最尊贵的恺撒"。

1526年，匈牙利国王路易在莫哈奇战役中死于土耳其人之手后，查理的兄弟费迪南德被选为波希米亚国王，更有争议的是，他提出了对匈牙利王位的要求。

在16世纪40年代晚期，尤其是在1547年的米尔贝格战役中，查理击败了德国新教诸侯后，似乎成功地实现了他的目标利益。然而，在1552年，局势明显恶化，许多新教国王成功地与法国的亨利二世合作，对付查理。不久之后，心力交瘁的查理将他的帝国分给了他的兄弟——神圣罗马帝国的新皇帝费迪南德一世和查理自己的独子菲利普，前者继承了遗产的奥地利部分，后者得到了其余的遗产：西班牙、意大利领地、低地国家和新世界的西班牙领地。菲利普成为西班牙的菲利普二世。

土耳其人的进军

在"冷酷者"塞利姆一世（1512—1520年在位）统治时期，土耳其人把注意力集中在波斯（伊朗）和埃及，打败了这两个国家，而对埃及的征服结束了持续500多年的地缘政治分裂态势。

在塞利姆的儿子苏莱曼大帝（1520—1566年在位）的统治下，土耳其人的势力在东南欧和地中海地区取得

前页：1526年，匈牙利国王路易二世在莫哈奇战役中去世后，哈布斯堡试图进一步扩大其影响力，并对波希米亚和匈牙利的王位提出要求。

右图：一幅17世纪关于马耳他围城战的奇幻画作。医院骑士团在1565年成功地击退了奥斯曼帝国的进攻，但是奥斯曼帝国不断扩张的野心已不容忽视。

了重大进展。在东南欧，贝尔格莱德于1521年陷落，而维也纳于1529年被围攻。苏莱曼并没有占领维也纳，但毫无疑问他已经确立了进军方向。在匈牙利，苏莱曼最初倾向于通过哈布斯堡统治的反对者佐波尧·亚诺什施加影响，但当佐波尧·亚诺什于1540年去世后，苏莱曼开始直接与神圣罗马帝国皇帝查理五世的兄弟费迪南作战，1541年土耳其人攻占布达，1543年攻占埃斯泰尔戈姆，1552年攻占蒂米什瓦拉。而在地中海，土耳其人1522年攻占罗德岛，1565年在马耳他战败，1570—1571年间征服塞浦路斯。此外，自1519年起土耳其人便开始在阿尔及尔驻军，扩大其对地中海西部的影响力。

即便如此，在16世纪，由基督徒统治的欧洲尽管失去了许多领土，但基本上遏制了外来攻击。当然，自1356年土耳其人首次挺进欧洲以来，这些丢失的领土使欧洲遭受了重创。

宗教改革运动与反宗教改革运动

1420—1431年，胡斯派运动起义

1492年，犹太人被驱逐出西班牙

1517年，路德发表《九十五条论纲》

1521年，沃木斯帝国议会召开

1522年，再洗礼教派发展成为乌尔里希·茨温利改革的一个分支

1529年，马丁·路德和茨温利会面，但是未能达成一致意见

1534年，《至尊法案》通过，确认英格兰脱离了罗马教会

1534年，耶稣会创立

1536年，约翰·卡尔文出版了《基督教要义》

1536年，亨利七世解散了修道院（译者注：原文如此，但应为笔误，亨利七世于1509年去世，亨利八世于1536年颁布次等修道院解散法令。）

1545—1563年，特伦特教会会议召开

1553年，玛丽一世女王恢复英格兰的天主教

1555年，《奥格斯堡和约》签订

1558年，英国女王伊丽莎白一世恢复英格兰天主教

1559年，约翰·诺克斯在苏格兰建立了新教教会，遵循约翰·加尔文的原则

1562—1598年，法国宗教战争

1598年，南特敕令颁布，授予胡格诺派宽容权利

左图： 恺撒·西吉斯蒙德的著作（1445—1450年）中的一幅插图描绘了扬·胡斯被处以火刑。胡斯派是欧洲宗教改革运动的重要先驱。

宗教改革运动

在 16 世纪初，天主教会力求成为一种具有标准化规范的普世教会。虽然也存在地方化差异，尤其是在对特定的圣徒和圣迹的依恋，以及神职人员本土化的招募方面。但服从罗马教皇仍然是最重要的。尽管有教士滥用职权的弊病导致了要求变革的压力，但是民众对现有宗教习俗的热爱仍是无可争辩的。

宗教改革运动改变了这种局面。这当中有一个历史背景，特别是与英格兰的罗拉德派和波希米亚的胡斯派息息相关。1420 年至 1431 年，被视为"异端"的胡斯派运动击败了一系列由教皇授权的天主教十字军的进攻，取得胜利的部分原因是他们建立了一支能够击退重骑兵的精干步兵部队。

宗教改革运动发端于 1517 年德国的维滕堡，当时的神甫马丁·路德抨击了天主教会的腐败行为。由于教会处理不当，而且被渴望重新夺取自身领地控制权的各邦诸侯所利用，因此，宗教改革运动开始变得激进。宗教改革非但没有成为一种信仰复兴的趋势，反而成为一种新的基督教形式，被称为新教。反过来，宗教改革运动自身又分裂了，主要分裂成路德教和加尔文教，后者以约翰·加尔文命名，他领导了日内瓦的宗教改革。还有一个处于激进边缘的教派，即再洗礼派。

新教徒拒绝教宗的权威，主张直

上图： 1517 年纽伦堡印刷的马丁·路德的《九十五条论纲》。这些言论点燃了整个欧洲的宗教革命，即宗教改革运动。

接从《圣经》而不是从教会寻求认可。因而他们强调人们能够亲自阅读《圣经》的重要性，赞成将《圣经》出版并翻译成本地语言（母语）而非拉丁语。于是，读写能力变得更加重要。印刷术对宗教改革运动的成功有着非常重要的意义，因为印刷商们生产路德布道书的速度要比教会销毁它们的速度快得多。

新教徒还指向了艺术，抨击天主教会通过营造视觉上的浮华壮丽来描绘超自然的神迹世界。针对新教徒的这一做法，天主教会在"反宗教改革

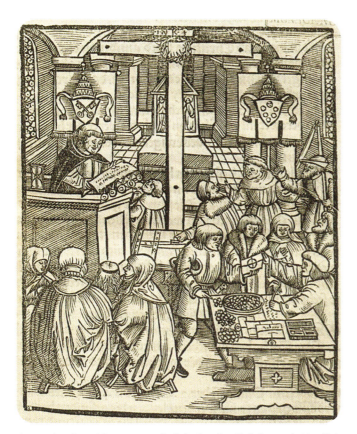

左图：小汉斯·霍尔拜因1537年为亨利八世画的肖像画。亨利八世在16世纪30年代与天主教信仰决裂，与北欧许多统治者走上了相似的道路。

上图：1521年出版的小册子《罗马的阿普拉斯可以助你升入天堂》中的一幅木刻画，展示了出售赎罪券的过程。

运动"中，强调"活着的圣徒"，圣徒们包括幻想家、圣痕显现者、神秘主义者、神迹的仆人、治疗师和驱魔师等等，在艺术表现方面，天主教会坚持以戏剧性效果为特征，其典型代表是巴洛克艺术风格。

新教徒们发现，与建立一个新的、稳定的国家教会秩序或培养一个民族对新教的热情比起来，摧毁或改变中世纪天主教的机构和公共习俗来得更为容易，譬如，清除教堂中的彩色玻璃和壁画等艺术媒介，以阻止朝圣，或者废除修道院等。文盲问题使得人们无法阅读《圣经》译本，合格的新教传教士人选匮乏，以及教众不情愿放弃"旧宗教"，这些都限制了新教的传播。然而，来自统治者的支持，如丹麦、瑞典、英格兰国王，最后还有苏格兰、神圣罗马帝国的各个领主，以及自由城市委员会，都确保了宗教改革的实施。

新教成为英国与北欧地区的主导宗教，16世纪30年代亨利八世与罗马的决裂导致在爱德华六世（1547—1553年在位）治下的英国朝着更激进的方向发展。在伊丽莎白一世（1558—1603年在位）统治时期建立温和的新教之前，玛丽（1553—1558年在位）统治时期，天主教一度复辟。苏格兰、日内瓦、荷兰和德国部分地区遵循加尔文教派的理念，例如不设主教。而斯堪的纳维亚半岛和德国北部地区则追随路德教派。

宗教改革导致了分裂和内乱，欧洲变成一个阴谋盛行的政治世界，这一时期各教派开始寻求外国教友的援助，各地区、社会和派系间的分歧因告解仪式等的对立而加剧。宗教改革为抵抗理论及其实践的发展提供了动力。在一个政治世界里，这并不奇怪，因为在这个世界里，由于国家主导的宗教变革的前景未卜，一切都变得岌岌可危。国家和统治者开始以其独特的宗教安排来区分敌我。例如，这意味着某国的天主教徒可能被视为国外敌对势力的支持者，统治者认为正是由于天主教徒们在国内的鼎力支持，使得外国势力更具威胁性。

反宗教改革活动

反宗教改革运动是一场既反对新教又反对天主教复兴的改革运动。它发起于特伦特——意大利北部一个主教采邑（天主教神职人员控制的地区）的首都，1545年，一个教会会议在那里开幕，会议一直持续到1563年。反宗教改革有积极的一面，包括促进教会在社会关怀方面起到日益重要的作用。

然而远非积极的一面是，反宗教改革试图通过与新教教义的妥协以及对天主教会的改革来恢复教会团结的努力被搁置一边，取而代之的是支持现有的天主教教义，且教宗采取了僵化和不宽容的做法。一份禁书清单颁布了出来，宗教裁判所的权力变得越来越强大。

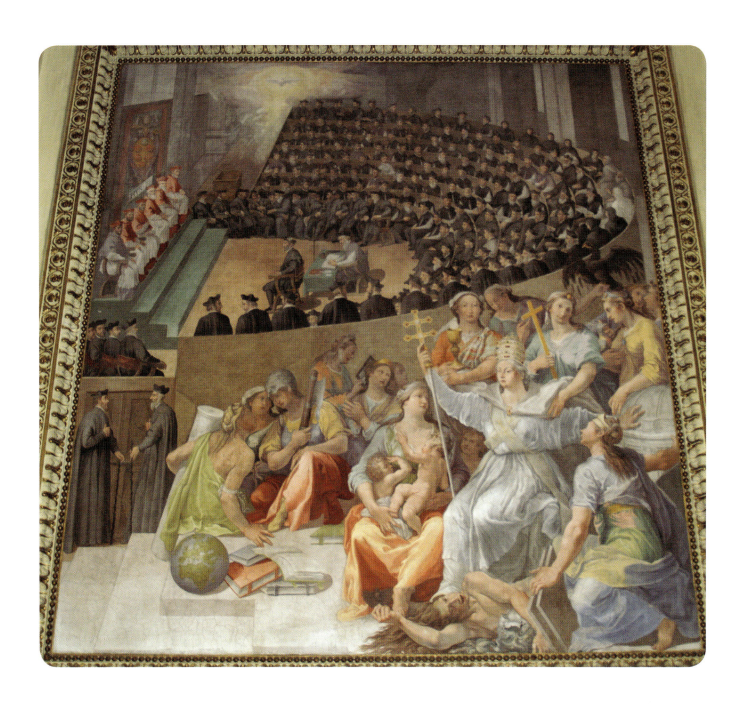

反宗教改革运动利用了宗教改革运动兴起前的根基，在神职人员中推行改革，增加平信徒的虔诚，创办军事化的耶稣修会，以激励非信徒改变宗教信仰，以及在基督徒中确保正统的推行。这种对正统的推行意味着持异见者会受到严厉的惩罚。

总的来说，宗教裁判所组织的信仰考验（火刑）很受大众欢迎，因为那些由于隐藏身份而受到惩罚的犹太人或穆斯林大多是局外人。

基督教对犹太人和穆斯林的敌意由来已久，但在 16 世纪进一步加剧。1492 年在西班牙和 1496 年在葡萄牙，犹太人被勒令转信基督教，否则就必须离开。许多犹太教堂改成了基督教堂。16 世纪早期，西班牙的穆斯林也遭受了相同的待遇。然而，在这些偏

上图：1545 年特伦特教会会议试图纠正中世纪天主教的弊端，同时毫不含糊地谴责新教为异端邪说。

对异端邪说的处理

在西班牙，出生于1568年的卢卡西亚·德莱昂是一位出身普通的年轻女性，她是一位梦启预言家，她的支持者认为她是一位受神启发的预言家。她的梦启批评了西班牙菲利普二世政府。1588年，她称接连在三个梦中都见到一条七头龙——七宗原罪的化身——在西班牙遍地喷火。菲利普下令宗教裁判所以异端和煽动叛乱的罪名逮捕卢卡西亚·德莱昂，她受到酷刑，被禁锢在女修道院里。

执的社会里，仅仅信奉相同的宗教已经不够了。西班牙通过了"血统纯正"法，禁止犹太皈依者获得特殊的荣誉和职位，而摩里斯科人（皈依的穆斯林摩尔人）在1609年被驱逐出西班牙。这种社会清洗反映了专制天主教的意识形态规训的加强。

在反宗教改革运动中，特别是在1580年至1648年间，新教在后来的比利时、法国、奥地利、捷克共和国、匈牙利、斯洛伐克、波兰和德国大部分地区被击败。法国宗教战争在1598年结束，然后又战火重燃，结果是天主教势力在1629年取得胜利。1589年，亨利三世在围攻巴黎时被暗杀，瓦卢瓦王朝宣告终结。新教领袖——纳瓦拉的亨利，为了获得法兰西王位，于1594年转而皈依了天主教，史称亨利四世。

荷兰起义（1568—1609年以及1621—1648年）和三十年战争（1618—1648年）结束时，低地国家和德国分裂为新教和天主教。天主教统治者被赶出苏格兰和瑞典，天主教爱尔兰被英格兰征服。

法国宗教战争，1562—1598

在法国，除了宗教分裂和政治失败之外，政治和政府体系也濒临崩溃，这意味着无法整合资源以支持一支庞大的军队，从而导致军事衰弱。外国势力对法国的干预，尤其是站在法国天主教徒一边的西班牙，与站在敌对势力新教胡格诺派一边的英国，使情况变得复杂起来。1598年，各方和解，结束了战争。亨利四世（纳瓦拉的亨利）于1593年皈依天主教，以获得对巴黎的控制权（据说"巴黎值得一个弥撒"是他的名言）。他不得不与天主教联盟以及与西班牙妥协，并通过南特法令与胡格诺派达成妥协，胡格诺派获得了在城镇设防的权利。这一权利实际上是对已经实际发生的事实予以追认。

右图：1572年的"圣巴塞洛缪节大屠杀"是法国宗教战争中最令人震惊的事件之一，当时数千名新教徒（被称为胡格诺派）被杀。

西班牙时代

这一时期，在全球范围内，没有什么能与西班牙帝国的成功相提并论。西班牙比它的敌人更能承受大规模持久战争的挑战，因为西班牙拥有新世界白银的优势和部分基于白银的资本融通便利，以及在整个帝国调动资源的能力。16世纪60年代，西班牙将重点放在与土耳其人的竞争上，这一过程以1571年的莱潘托战役为巅峰，经过一场大规模的舰船大战，土耳其人被打败，随后，在争夺突尼斯控制权的战斗中，土耳其人又一次落败。

16世纪70年代中期，西班牙转而在西欧内部的宗教战争（1562—1598年）中扮演起主角来。西班牙的一系

埃斯科里亚尔

马德里附近的皇宫兼修道院埃斯科里亚尔，是根据菲利普二世的命令于1563年至1584年建造的，旨在以此宣示西班牙作为基督教世界捍卫者的地位。对于这一格栅式建筑的平面图有许多解释，例如，它是为了纪念在烤架上被烤死的圣劳伦斯，或者它是基于对所罗门神殿的描述，所罗门是菲利普非常感兴趣的人物。

下图：马德里附近的埃斯科里亚尔被设计成既是一座修道院，又是一座宫殿，显示了菲利普二世作为统治者的威望和他对宗教的虔诚。

荷兰起义

　　西班牙统治者菲利普二世极不受欢迎的宗教和财政政策，以及他对荷兰贵族的忽视，导致了他的统治在1566—1567年面临崩溃。1566年，加尔文教派信徒占领了各大教堂，摧毁了它们的天主教形象，以表示与过去有了戏剧性的决裂。考虑到自己对教会的责任，担心这场统治危机可能有利于新教和法国人的风险，菲利普派遣了一支由经验丰富的宿将阿尔巴第三公爵费迪南德率领的大军前往荷兰以恢复秩序。1567年，阿尔巴强力推行不受欢迎的新税，并严厉对待反对者。1572年，这些措施激起了新一轮反抗，阿尔巴的残暴未能镇压反对派。然而，从1577年开始，起义军中的天主教徒和新教徒之间的主要分歧，以及布拉班特公国的新教城市（特别是布鲁日和根特）的激进主义发展，导致叛乱分子本就不稳定的团结瓦解了。事实证明，南方的天主教贵族显示了与菲利普和解以恢复社会秩序的意愿。再加上16世纪80年代西班牙在低地南部的战争胜利，就形成了后来的两个国家：仍在西班牙控制下的天主教比利时以及独立的新教荷兰。

　　宗教上的对抗使菲利普二世无法妥协，他僵化的天主教信仰也破坏了政治上的融合。其结果便是，菲利普在镇压荷兰起义中所赢得的胜利远远少于他在意大利、葡萄牙和阿拉贡镇压反抗者时所取得的胜利。

右图：达伦战役时期的版画，这是1568年荷兰起义的第一次遭遇战。桑乔·达维拉和达扎领导下的西班牙军队打败了失去大部分兵力的荷兰人。

列成功证明了它在基督教欧洲无与伦比的力量：1580年征服葡萄牙；16世纪80年代重新征服了低地国家的大部分地区，当然菲利普在那里遭遇了荷兰人的反抗；成功干预了法国宗教战争早期事务；挫败了英国对葡萄牙和西班牙新世界的进攻；继续统治意大利。然而，西班牙无敌舰队在1588年入侵英国的企图遭遇彻底失败，进入16世纪90年代，菲利普二世无法进一步重新征服荷兰北部，也无法阻止他的盟友在法国的失败。

左图：1588 年入侵英格兰的西班牙无敌舰队是一支强大的军队。但英国和荷兰的联合舰队摧毁了西班牙舰队，并迫使其返回西班牙。

西班牙无敌舰队

西班牙采取一系列行动尝试击败英国女王伊丽莎白一世，以终结英国对荷兰事件的支持，无敌舰队是其行动之一，这支舰队沿着英吉利海峡前进，以掩护西班牙驻比利时的军队入侵英格兰。这一行动是基于联合作战的规划，但在本质上存在缺陷，结果自然没能成功。西班牙舰队沿着英吉利海峡一路作战，在英国人的持续攻击面前，仍保持着凝聚力和战斗力。但是，西班牙还没来得及击退在比利时港口封锁西班牙驳船的英国和荷兰舰队，就被英国另外发起的攻击打断，并被驱逐到北海。随后，舰队试图绕过苏格兰和爱尔兰返回西班牙，但在这一过程中遭到风暴的沉重打击。

西班牙危机

历史学家经常引用塞万提斯的小说《堂吉诃德》中在风车前持矛冲锋的形象来表现一个愚蠢而不切实际地追求荣耀的西班牙。这一著名而富有启发性的隐喻是对西班牙衰落（如果不是崩溃）的普遍描述。自1598年始，这一世界性帝国在接下来的一个世纪里接连被法国、英国和荷兰打败。祸不单行的是，可能是由于全球变冷，西班牙在17世纪还出现了严重的经济困难。西班牙的菲利普四世（1621—1665年在位）还面临着叛乱，特别是1640年葡萄牙和加泰罗尼亚的叛乱，这是许多历史学家所说的"17世纪中期危机"的一部分，相似的叛乱在不列颠群岛、法国、荷兰和俄罗斯也有发生。第一次反抗菲利普的叛乱一直持续到1668年，战争最终使葡萄牙独立，而加泰罗尼亚则经过西班牙的艰巨努力才被重新征服。

尽管人们认为西班牙"衰落了"，但实际上在17世纪的头30年，它还是取得了相当大的成功，然而这一态势没有维持下去。1621年至1668年间持续不断的冲突给它的财政、行政、政治结构和制度带来了巨大的压力。战争的财政负担带来了日益严重的政治问题。1624年，西班牙试图根据各地区的人口规模来招募军队，建立一个军队联盟，但遭到加泰罗尼亚的拒绝，1627年政府破产。1640年，一场旨在支撑战争的重担以及分担战争费用的谋划引发了加泰罗尼亚人的叛乱。那一年，葡萄牙又发生了一次叛乱，叛乱者取得了胜利，而那不勒斯和西西里岛的叛乱则失败了。

16世纪的不列颠群岛

宗教改革运动与英格兰、苏格兰和威尔士的关系密切相关。苏格兰脱离英格兰的独立与苏格兰和法国的联盟有关，这一联盟多次引发冲突，其中，1512年苏格兰国王詹姆斯四世在弗洛登战败时身亡。法国对天主教事业的捍卫和苏格兰宗教改革运动的进展导致苏格兰玛丽女王被推翻，取而代之的是她年轻的信奉新教的儿子詹姆斯六世。苏格兰和威尔士对宗教改革的接受对它们建立融入英国的意识和政策至关重要。然而，爱尔兰拒绝宗教改革的行为引发了英国人对其的征服战争，从而使得英国王室的统治主张得到了推行。

在许多方面，不列颠群岛似乎与欧洲其他地区不同。英格兰教会、伦敦的规模和重要性、普通法的作用和小规模的军队等等，在某种程度上都是这个岛国所独有的。对于英国与欧洲大陆之间关于法律、知识和政治的分歧来说，英国普通法传统（以判例法和惯例为基础，而不是以法典为基础的法律）具有标志意义，而在欧洲大陆，法典化的罗马法更占上风。例如，英国的陪审团制度确保了民众参与司法。伦敦促进了资产阶级与贵族思想和价值观的相互作用，并开始考虑商业因素对国家政策的影响。

后页：伊丽莎白一世是英格兰在位时间最长的君主，但她长寿的政治生涯在很大程度上归功于运气和政治环境。

伊丽莎白一世（1558—1603 年在位）是自爱德华三世（1312—1377 年在位）以来，统治英格兰时间最长的君主。这种长期统治为伊丽莎白时期教会的巩固提供了机会，促成了一定程度的政治稳定，并建立了被普遍接受的新教世系。她的统治见证了英国的商业扩张、国家的金融发展、伦敦城市的发展和戏剧的繁荣。这种长期统治的好处与法国形成了鲜明对比，在法国，一系列统治之所以短暂都与 1589 年亨利三世和 1610 年亨利四世的被暗杀颇有关联。

不列颠危机

苏格兰和英格兰之间的私人联盟——苏格兰的詹姆斯六世和英格兰的詹姆斯一世创建于 1603 年，被称为"大不列颠"，由于查理一世（1625—1649 年在位）的政策而瓦解。查理为人狡诈，缺乏常识，不具灵活性和务实性，不值得信任。他对秩序和王权尊严的信条使他对任何分歧都采取冷漠和傲慢的态度。查理的巨额财政需求和自以为隐秘的天主教教会政策造成的紧张局势削弱了英格兰对他的支持，但实际上崩溃发端于苏格兰，并导致了主教战争（1639—1640 年）。这标志着内战的开始，是整个冲突时期的征兆。查理因错误地处理了局势而导致失败，宗教在战争中发挥了重要作用，战争波及不列颠群岛各地，每个地区都被分割了。

这场危机迫使查理求助于英格兰议会，但自 1629 年以来，他在没有议会的情况下实行的"个人统治"引起了人们的不满，并对他的意图产生了极大的恐惧。在危机不断加剧的气氛中，1641 年 11 月，爱尔兰天主教势力兴起，急需征募军队以应对，局势变得两极化。关于谁来控制这支军队的争论激

左图：汉密尔顿公爵在主教战争中率领一支苏格兰保皇派军队。

歌剧的兴起

歌剧是一种引人注目的新艺术形式，它的发展反映了欧洲文化的活力和灵活性，以及宫廷和公众支持的作用。克劳迪奥·蒙特威尔第（1567—1643）于 1602 年至 1612 年受雇于曼图亚公爵，在此期间，他发展了一种新型的娱乐形式——歌剧，如《奥菲欧》（1607 年）和《阿里安娜》（1608 年）。在此之前，已经有一些重要的初期形式，如戏剧表演之间的插曲，以及音乐伴奏的诗歌戏剧。但是，蒙特威尔第创造了一个可以大规模进行设计的音乐组合体。当时，曼图亚、费拉拉、佛罗伦萨和威尼斯都成为重要的音乐创新中心。

化了局势，议会施压要求改变教会和政府。英国王室和议会在争夺最高权力和权威中，彼此尖锐对立。

英格兰的战争始于 1642 年 7 月，议会屡战屡胜，最终赢得了 1646 年的胜利。这场胜利部分要归功于英格兰和苏格兰最富裕地区的支持，以及查理的愚蠢；此外，战斗力、指挥能力和运气也起着重要作用。

取得胜利之后，胜利者们内部相互之间开始内讧。1648 年，苏格兰人的代表查理入侵英格兰，结果被打败。奥利弗·克伦威尔领导的军队在取得胜利后清除了议会。1649 年，查理因叛国罪受审并被处决，英格兰被宣布为共和国。

克伦威尔继续向前推进，先后征服了爱尔兰和苏格兰，直到 1653 年夺取政权。他的政权是一个充斥着偏执的神圣使命感的军事政权。克伦威尔于 1658 年逝世，虚弱而分裂的共和政体于 1660 年被推翻，最终导致了查理二世的君主制复辟。

右图：奥利弗·克伦威尔（Oliver Cromwell）在圆颅党人赢得英国内战胜利后，成为英格兰的"护国公"。他从 1653 年到 1658 年统治英格兰。

农奴制第二版

在 15 世纪的有限人口增长之后，16 世纪的西欧，人口迅速增长，对粮食的需求不断上升。作为对欧洲其他地区粮食需求的回应，东欧农村社会向"农奴制第二版"转型，在这一制度下，农民要提供繁重的劳役。波兰经由主要河流，特别是维斯图拉河和尼曼河的黑麦出口满足了西欧增长的粮食需求。这种出口贸易使得对相关港口的控制至关重要，例如对维斯图拉河的但泽港（格但斯克）。波罗的海和北海之间的"桑德峡湾"也是如此，由于从波罗的海出口谷物、铁和木材，它在欧洲历史上扮演了自维京时代以来最重要的角色。此外，波罗的海的贸易连接了东欧和西欧，并为维持"农奴制第二版"当中每一个领域的专业化提供了资金。

农奴制第二版本身具有一个较长的起源，15 世纪时已经发生了一些变化，拥有公共司法管辖权的贵族对中

战争与金钱

战争必须通过借贷来进行，这就需要有能力调用国内和国际信贷网络。哈布斯堡家族借助于奥格斯堡的富格尔银行家族和热那亚的商业金融家，法国则寻求里昂和威尼斯的银行家的支持。荷兰和英国的公共财政开始侧重于金融机构，阿姆斯特丹银行和英格兰银行分别成立于 1650 年和 1694 年。

左图：1657 年绘制的阿姆斯特丹银行图像。它成为欧洲第一家中央银行，并发展成为这座城市的商人所依靠的一个必不可少的金融机构。

世纪晚期的经济问题——特别是需求减少和现金收入固化——作出了回应。农奴制第二版阻碍了货币经济在东欧的发展，因为它确保了食品和劳役的持续供应，而不是为诸如租金之类的交易提供货币。

波罗的海的争斗

波罗的海地区是欧洲造船材料的主要来源地，也是谷物、铜和铁的出口地。由于种种原因，它在 16 世纪趋于不稳定。卡尔玛联盟从 1397 年起将丹麦、挪威、瑞典和芬兰联合在同一顶王冠之下，而最终于 1523 年崩溃。在卡尔玛联盟原来的地盘，出现了丹麦（还统治挪威）和瑞典（还统治芬兰）两个对立国家，在北方争夺领导权。

与此同时，俄罗斯向波罗的海扩张威胁到东岸地域的政治稳定。诺夫哥罗德于 1477 年、普斯科夫于 1510 年先后落入俄国人手中，立陶宛分别于 1500—1503 年、1507—1508 年、1512—1515 年遭到袭击，1514 年斯摩棱斯克被攻占。

此外，宗教改革运动还催生出了一个问题，即十字军骑士团（如条顿骑士团和利沃尼亚骑士团）的广大土地如何处置？宗教改革也将信奉天主教的波兰与信奉新教的丹麦和瑞典分离开来。（尽管丹麦和瑞典都是路德会教徒，但它们也是激烈的竞争对手。）与此同时，俄国的伊凡四世（1533—1584 年在位）发现丹麦和瑞典是他的坚定反对者，而波兰、立陶宛和乌克兰于 1569 年结成联盟，反对他进军波罗的海的企图。

再往西部，丹麦和瑞典之间的战争，既推动在瑞典王权基础上建立起新的瓦萨王朝，也与 15 世纪 20—30 年代新教徒和天主教徒之间的冲突密切有关。在瑞典和

右图： 伊凡雷帝使得俄罗斯从一个受限的中世纪国家转变为一个庞大的帝国，但他面临着西方邻国的强烈反对。

波兰之间的战争中，宗教对抗成为一个更加有影响力的主题，而从 16 世纪 90 年代开始，统治两国的瓦萨家族的不同分支之间的倾轧加剧了这场冲突。波兰人趁着俄罗斯的"大动乱年代"（1604—1613 年）发起进攻，尽管他们很好地利用了俄罗斯人的分裂，但最终还是被赶出了俄罗斯。17 世纪 20 年代，瑞典的古斯塔夫·阿道夫（1611—1632 年）从波兰人手里夺取了在此之前难以对付的利沃尼亚。

俄罗斯的崛起

俄国在东欧的崛起是一个稳步发展的过程，仅仅在"大动乱年代"（1604—1613 年）由于分裂和外国入侵而中断。在伊凡四世统治时期（1533—1584 年），与伊斯兰势力的长期斗争为俄罗斯带来了两大胜利成果。第一个成果，经过自 1545 年以来的努力，俄罗斯人于 1552 年攻占了最北边的伊斯兰国喀山。喀山臣服于伊凡四世后，于 1553—1556 年发生了严重的叛乱，但这些叛乱遭到了残酷的镇压，这反映了长期以来的恐惧和愤怒，这种恐惧和愤怒源于与喀山的冲突和对奴隶的掠夺，以及对穆斯林的宗教敌意。

对喀山的征服为俄国人沿着伏尔加河向阿斯特拉罕扩张开辟了道路，俄国人于 1556 年征服了阿斯特拉罕，然后向高加索地区扩张，穿过乌拉尔山脉进入西伯利亚西部。无论从短期还是长期来看，俄国人的成功对于欧亚大陆地缘政治格局的重构具有重要意义。

当然，俄罗斯人的崛起并非一段轻松的历程。16 世纪克里米亚鞑靼人对莫斯科公国中部的入侵带来了严重的破坏。莫斯科在 1571 年被洗劫一空，大部分人口被当作奴隶带走。

左图：19 世纪画家谢尔盖·伊万诺夫的一幅绘画，描绘了"大动乱年代"（1604—1613 年）。在此期间，俄罗斯持续发生了继承危机、饥荒以及对抗波兰的一系列战争。

三十年战争

三十年战争（1618 年至 1648 年）实际上是一场全欧洲范围内的内战，它汇集了几种不同的冲突：奥地利哈布斯堡试图在帝国中维护权威，西班牙和荷兰的长期敌对状态，法国和西班牙之间的竞争，以及波兰和瑞典统治者之间即瓦萨家族内部的王朝争斗。

这场战争最初肇始于 1618 年波希米亚（今捷克共和国）反对哈布斯堡当局的一场起义。这场起义融合了多种因素：波希米亚人对哈布斯堡统治的反感，新教对天主教狂热的反抗（随着反宗教改革的步伐加快，天主教的狂热对当地变得越来越具有威胁性），以及贵族政治的力量。作为一名信仰新教的统治者，巴拉丁领地的选帝侯腓特烈，被造反的波希米亚贵族选举出来。在布拉格郊外的白山战役（1620 年）中，这次起义被优势部队摧毁。哈布斯堡王朝重新掌权，波希米亚被再次天主教化。与此同时，反叛贵族的财产也被没收，并在神

下图：描绘布拉格"掷出窗外事件"的版画。这一事件标志着三十年战争的开始。当时愤怒的新教徒将帝国执法官员扔出布拉格会议厅的窗外。（译者注：掷出窗外 Defenestration，源于捷克语 Defenestrace，中古时代末期，波希米亚民众表达对叛徒、内奸等的愤恨的方法之一，即把人抛出窗外。）

上图：在 1634 年的诺尔德林根战役中，由奥地利和西班牙军队组成的天主教联盟对规模较小的新教瑞典军队予以了重击：瑞典军队以 2.5 万对 3.3 万寡不敌众。诺尔德林根战役之后，瑞典势力即从德国撤退。

圣罗马帝国皇帝斐迪南二世的支持者当中建立了一个新的贵族阶层。

波希米亚人向腓特烈献上王位后，西班牙和巴伐利亚军队于 1620 年占领了巴拉丁领地。在 1609 年谈判达成的 12 年休战协议到期后，1621 年，荷兰和西班牙之间的战争重新开始，荷兰人随后鼓动德国哈布斯堡王朝的反对势力。斐迪南二世把他的军队托付给了一位波西米亚的军事指挥家阿尔布雷希特·冯·瓦伦斯坦，后者赢得了一系列的胜利，接任他的天主教联盟的巴伐利亚将军蒂利也赢得了一系列胜利。1625 年，丹麦的克里斯蒂安四世站在新教的阵营一边，而介入德国战争，结果在 1626 年被击败。1629 年，丹麦自身被侵入，只好被迫退出战争。哈布斯堡王朝的势力已经延伸到波罗的海和西班牙，奥地利和波兰也达成同盟。

直到 1630 年瑞典入侵前，斐迪南一直统治着帝国，但他未能利用这一时期赢得支持，以巩固自己的地位。此外，1629 年，在法国的调解下，瑞典国王古斯塔夫·阿道夫（1611—1612 年在位）从与波兰的一场久拖不决的战争中获救，并于 1630 年抵达德国。古斯塔夫继续向南推进，于 1631 年在布赖滕费尔德击溃了蒂利，这导致许多德国新教诸侯倒向了瑞典。古斯塔夫随后进军德国中部，于 1632 年入侵巴伐利亚。同年晚些时候，瓦伦斯坦和古斯塔夫碰面了，他们在萨克森州的吕岑展开会战，这场在大雾笼罩中的战斗难分胜负，双方都损失了大约三分之一的兵力，古斯塔夫也战死了。

1634 年，日益独立的瓦伦斯坦在皇帝的授意下被自己手下的一些军官杀死。同年，在讷德林根，一支奥地利西班牙联军大败瑞典人，将他们赶出德国南部。这导致 1635 年法国加入了战争，以抵抗哈布斯堡霸权。战争在接下来的几年里反复拉锯，到了 17 世纪 40 年代末，哈布斯堡面临着来自波西米亚的瑞典军队和德国南部的法国军队的巨大压力。

1648 年，《威斯特伐利亚和约》的签订结束了战争。和约使得哈布斯堡家族在他们的世袭领地（主要是奥地利和波希米亚）保留了统治地位，这一地位一直延续到他们的帝国在 1918 年崩溃。相比之下，德国各诸侯对自己的领地拥有更大的控制权。法国获得了对阿尔萨斯大部分地区的控制，勃兰登堡普鲁士获得了许多领土，并超越萨克森成为德国北部新教国家领头羊。瑞典人获得了易北河、奥德河和威悉河河口的控制权。瑞典在权力筹码上超过了丹麦，这一过程在 17 世纪 50 年代后期两国的冲突中突显出来。

在法国大革命之前，《威斯特伐利亚和约》一直是欧洲国际关系的基础。它为德国国内政治和更广泛的外交实践提供了一个框架。与此同时，该和约体系不包括东欧，东欧将是下个世纪国际关系变化最大的地区。此外，在西欧，《威斯特伐利亚和约》也只是作为战争的结果得以维系。

右图： 1648 年签订的《威斯特伐利亚和约》把三十年战争带到了终点。

第六章

从
巴洛克
到
拿破仑

第六章
从巴洛克到拿破仑
1650—1815 年

"漫长的 18 世纪" 即从 17 世纪中叶的危机到 1815 年拿破仑时代的落幕，是一个动荡的时期，充满了由于政治不确定性所带来的国际冲突。大部分经济体，依旧建立在农业基础之上，整个欧洲社会由地主贵族掌控。同时，欧洲也出现了一些重要的城市生活中心，在大西洋沿岸的欧洲，重要的商贸中心也正在成长。

1683 年，维也纳包围战

维也纳包围战是一场非常具有戏剧性的冲突。土耳其人在担任奥特曼帝国大维齐尔的卡拉·穆斯塔法（1676—1683 年在任）率领下，并没有在边境要塞上纠缠，而是直接向维也纳进军，并于 7 月 16 日实现了对维也纳的全面包围。土耳其人兼用炮击和坑道爆破来削弱维也纳的防御工事。维也纳的卫戍军队在防守中伤亡惨重，同时，痢疾的流行也造成了同等可观的损失。而在土耳其一方，面对有着深深护城河和高大城墙的维也纳，没有做好充分的准备就发动了围攻，他们也遭受了同样的重创。然而，在 8 月期间，这座城市的外围防线逐步落入土耳其人之手。土耳其人缺乏大口径加农炮，在武器上处于劣势，因此他们依赖于挖地道破坏城市防御，并取得了一些战绩，这导致城墙出现缺口，随之双方在这些缺口陷于苦战。9 月 4 日，维也纳防守军队发出了紧

前页：17 世纪的画作：皇家科学院成员向路易十四献礼。

右图：1683 年 9 月 12 日，神圣罗马帝国的军队在维也纳城外成功地击溃奥斯曼军队，终止了土耳其人在欧洲的攻势。

急呼救火箭信号，敦促正在集结的援军进攻土耳其军队。9月12日，奥军成功击溃了土耳其军队。获得维也纳守卫战的胜利后，奥地利人继续向前进攻匈牙利，中途在布达城堡下碰壁，但在两年后的 1686 年，奥地利人最终夺取了布达城堡。

专制主义的兴起

为了应对 16、17 世纪的混乱与不稳定，整个欧洲的统治者这个时期都在寻求强化自身的地位，结果导致了一种被称为"专制主义"的统治制度的出现。传统上认为这代表着强有力的政府，后来这 概念用以描述王权与贵族的合作。对专制思想的明显敌意

巴洛克文化

巴洛克是 17 世纪晚期和 18 世纪早期欧洲的主流文化风格，在作为天主教中心的意大利和西班牙显得尤其突出，当然在欧洲的其他地方，包括欧洲新教地区也能发现巴洛克文化。这一文化风格，强调对称性和一致性，涵盖建筑（如贝尔尼尼和雷恩的作品）、音乐（如巴赫的作品）、歌剧（如德莱顿的作品），以及其他创作形式。对巴洛克文化来说，神圣君主制是至关重要的。圣保罗大教堂即以巴洛克式的壮丽宏伟，彰显对宗教价值的肯定。

左图： 伦敦的圣保罗大教堂是诠释巴洛克风格的宏伟建筑的典型范例。

和可接受的王室行为惯例限制了王室采取非常规行动的可能性。人们希望君主政治在法律和传统当中运行，这使得任何新的举措在政治上都很危险，在行政管理上也很困难。

这一时期强调国家内部的一致性，这就凸显了如何对待宗教信仰少数派的难题。例如，胡格诺派（法国新教徒）的法定地位在 1598 年的南特敕令中得到保护，但是在 1685 年又被另一项皇家敕令撤销。宽容的态度被这一时期的统治者视为衰弱和失败的标志。

各国政府的国内政策侧重于避免混乱和为战争筹措资金两个方面。王家史录宣扬这样一种态度：赞颂通过战争赢得的荣耀，记录历史上的皇家"英雄们"，以及描述如何通过战争

上图：路易十四达到了君主专制的巅峰，他通过在凡尔赛建设令人瞩目的皇家宫殿来展示他的权威。

建立王朝（包括法国、西班牙和那不勒斯的波旁王朝，英格兰的都铎王朝，以及俄国的罗曼诺夫王朝）。

通过宏伟壮丽的凡尔赛宫，路易十四特意展示自己"太阳王"的权威，这一模式在其他地方也能看到，如在柏林、斯德哥尔摩，以及路易最顽固的对手奥兰治的威廉三世在尼德兰的赫特鲁宫。这些宫殿为彰显王室权力的戏剧性描述提供了令人印象深刻的背景，清晰地表明了君主作为一个特殊的人物而存在。

塞巴斯蒂安·勒普雷斯特雷·德沃邦（Sébastien Le Prestre de Vauban）为路易十四建造的大量要塞，是一个独具特色的权力展示的范例。塞巴斯蒂安于 1678 年被任命为防御工事总长，监督建造了 33 个新要塞，并整修了更多的旧要塞。

一些统治者试图模仿路易，但也有一些统治者将路易视为一个危险的警告。英格兰人民对詹姆士二世（1685—1688 在位）将英格兰带向专制主义方向的担忧导致了 1688 年的叛乱。作为一名天主教徒，詹姆士就像他的父亲在 1629 年至 1640 年所做的那样，抛开议会进行统治，同时增兵扩军。这场叛乱之所以成功，是因为得到了荷兰政坛关键人物、詹姆士的侄子和女婿威廉三世（William Ⅲ of Orange）的入侵支持。詹姆士最终难以应付这一危机，并选择了逃亡。

攫取了权力之后，威廉和他的妻子玛丽宣布实行联合君主制。一种新的宪政制度被创立，这一系列事件后

左图：尼德兰的赫特鲁宫是威廉三世对凡尔赛宫的回应。

下图：奥兰治的威廉三世在受到詹姆士二世的政敌们邀请后，领导了"光荣革命"。

来被描述为"光荣革命"。英国宪政制度的关键要素是议会的权力，这一点完全不同于法国，在 1648 年至 1789 年间，法国的三级会议（Estates General）一次也没有召开。在 18 世纪的葡萄牙，科尔特斯议会（Cortes）也没有召开过。而在英格兰，议会每年召开，并且定期进行选举，1694 年的三年法案使得政府财政依赖于国会支持。

因此，在 17 世纪的欧洲，出现了非常不同的强国宪制模式。联合省（荷兰共和国）是一个共和体制强国。相比之下，英国为法国提供了君主制的选择。威廉三世的成功入侵，避免了威斯敏斯特议会制陷入当时普遍的潮流，即趋向于作用微乎其微甚至不存在的代议制体系。

俄罗斯帝国

17世纪初，在俄罗斯的"大动乱年代"——伊凡四世的统治——结束后不久，俄罗斯濒临崩溃。伴随着严重的叛乱和社会混乱，波兰人和瑞典人发动的入侵以波兰军队在莫斯科驻扎达到了巅峰。这些是罗曼诺夫王朝的建立背景，罗曼诺夫王朝打败了外敌，加强了俄罗斯国内的实力。沙皇米哈伊尔于1613年建立了罗曼诺夫王朝。他的儿子阿列克谢沙皇（1645—1676年在位）是在乌克兰建立俄罗斯政权的关键人物，并且他还缔造了俄罗斯君主制的一些典型传统，包括与东正教的联系。

尽管如此，俄罗斯非但没有覆亡，从17世纪80年代开始，俄罗斯人将他们的主要精力投向南方，穿过大草原以击退鞑靼人。经历17世纪80年代的失败后，俄国人在1696年取得了胜利，那年他们攻占了亚速海地区，1736年至1739年再起烽烟，随后是1768年到1774年的战争，最终在1783年，克里米亚半岛被纳入俄国版图。在向南方推进的过程中，俄国人很大程度上依靠前哨基地构筑的战线，来牵制鞑靼人并控制哥萨克人。17世纪初期，俄国在顿河和沃斯卡拉河之间修筑了一条大道，随后又陆续修建了其他向南延伸的道路。由莫斯科军事大臣监督的地方政府体系的普及，极大地减轻了为通往南方所必需的资源调动负担。

与此相反，阿列克谢沙皇的儿子彼得（后被称为彼得大帝）采取了一种新的统治方式。彼得深受西欧教育的影响。他出生于1672年，于1682年与他同父异母的兄弟伊凡五世成为联合沙皇，而他同父异母的姐姐索菲亚担任摄政王。在1689年，彼得推翻了索菲亚，1696年伊凡五世去世，彼得成为唯一的统治者。1697年至1698年间，彼得在英格兰和荷兰共和国的游历，令他见识了一种先进的模式，这一模式正合他心意，成为他试图效仿和推进的对象。1712年，彼得将首都从莫斯科迁到了圣彼得堡，这座新城是从瑞典人手上夺取这个地方后，他于1703年在靠近波罗的海的地域建成的。这一行动兼具实际效用和象征意义。较之莫斯科，圣彼得堡的战略态势更为开阔，彼得还可以控制新城市的布局。

前页：阿列克谢一世将俄罗斯的权力扩展到乌克兰，但他的统治被东正教教徒的分裂所破坏。

右图：玛利亚·克莱门蒂（1692—1761）画作——彼得大帝像。彼得一世以自己的非凡军事才能为傲，常常亲自带领他的军队投入战斗。

俄罗斯从公国到帝国

- 1547年，伊凡四世（恐怖伊凡）加冕成为所有俄罗斯人的沙皇
- 1551年，围攻喀山
- 1556年，吞并阿斯特拉罕
- 1570—1572年，俄罗斯克里米亚战争
- 1571年，莫斯科大劫掠
- 1580年，俄国哥萨克入侵西伯利亚
- 1598—1613年，俄罗斯"大动乱年代"
- 1605—1618年，波兰-莫斯科战争
- 1613年，米哈伊尔沙皇建立罗曼诺夫王朝
- 1632—1634年，斯摩棱斯克战争
- 1689年，彼得大帝成为沙皇
- 1696年，征服亚速海
- 1700—1721年，北方大战
- 1709年，波尔塔瓦之战
- 1712年，圣彼得堡成为俄罗斯首都
- 1773—1775年，普加乔夫造反
- 1783年，吞并克里米亚

彼得还试图将贵族转变成为现代化的官僚公职人员，并按照官阶表将他们组织起来。东正教的作用被削弱，一系列的政府部门像舰队一样被创立起来。尽管在政府、教会、军事和经济领域的主要改革得以推行，但许多改革只是部分实施。彼得帮助俄罗斯政府和社会精英走向西方，但是这一方向却扩大了他们和大多数民众之间的鸿沟。彼得给许多外国观察员留下了深刻印象，包括法国哲学家、作家伏尔泰，但他在俄国并不受欢迎，相当多的人认为彼得如同恶魔一般，而且可能真正的彼得在小时候就已经被人偷偷调了包。

彼得在位期间的大部分时间都在战争中度过，尤其是与瑞典的北方大战（1700—1721）；他与土耳其也有过战争（1689—1698，更早由他的前任开始，然后在1710—1711年再次爆发）。波斯也曾被彼得入侵过

普加乔夫起义，1773—1775年

18世纪最大规模的起义，是由乌拉尔地区的哥萨克人在叶梅连·普加乔夫 (Yemelyan Pugachev) 领导下发动的，他自称是已故的俄罗斯帝国沙皇彼得三世。起义的人数随着逃难农民的投奔而不断增长，特别是从乌拉尔山脉矿区和冶炼厂恶劣的工作环境中逃出来的农民。普通农奴也发挥了重要作用，一些对当局不满的神职人员、市民以及一些下层贵族也都加入了起义。1774年，普加乔夫占领了喀山的主要城市，杀死了那些穿着西方服装的人，他承诺给农奴自由，这导致了对贵族的大量屠杀。然而，由于起义者的混乱和分裂，以及在1774年沙皇与土耳其谈判达成和平协议后，军队更有能力专心对付起义，这些都导致了普加乔夫的失败。他被处以酷刑，这个结果也反映出普加乔夫的反叛引发了人们的恐惧。

右图：一幅20世纪早期的俄罗斯油画，描绘了哥萨克领袖普加乔夫正在为起义军接收武器。

（1722—1723）。作为一名现代战争的先驱，彼得率领他的军队于1695年至1696年之间围攻亚速海，1711年远征普鲁特河，并于1722年进军波斯。他在波尔塔瓦之战（1709年）中赢得了非比寻常的成功，击败了瑞典查尔斯十二世率领的入侵军。接着彼得征服了今天的爱沙尼亚和拉脱维亚的大部分地区，两者在1721年的《尼斯塔德条约》中被纳入俄国版图，而芬兰是此次征战的另一个收获，但最终还是被归还给了瑞典。

他的继任者，特别是他的遗孀凯瑟琳一世（1725—1727年在位），巩固了他的立场，他们都延续了彼得的西化国策，但彼得二世（1727—1730年在位）是个例外。这些继任者再未获得过与彼得同等的名望，直到凯瑟琳大帝（凯瑟琳二世，1762—1796年在位）。但他们都是俄罗斯逐渐投身于欧洲体系的一部分。事实上，俄罗斯军

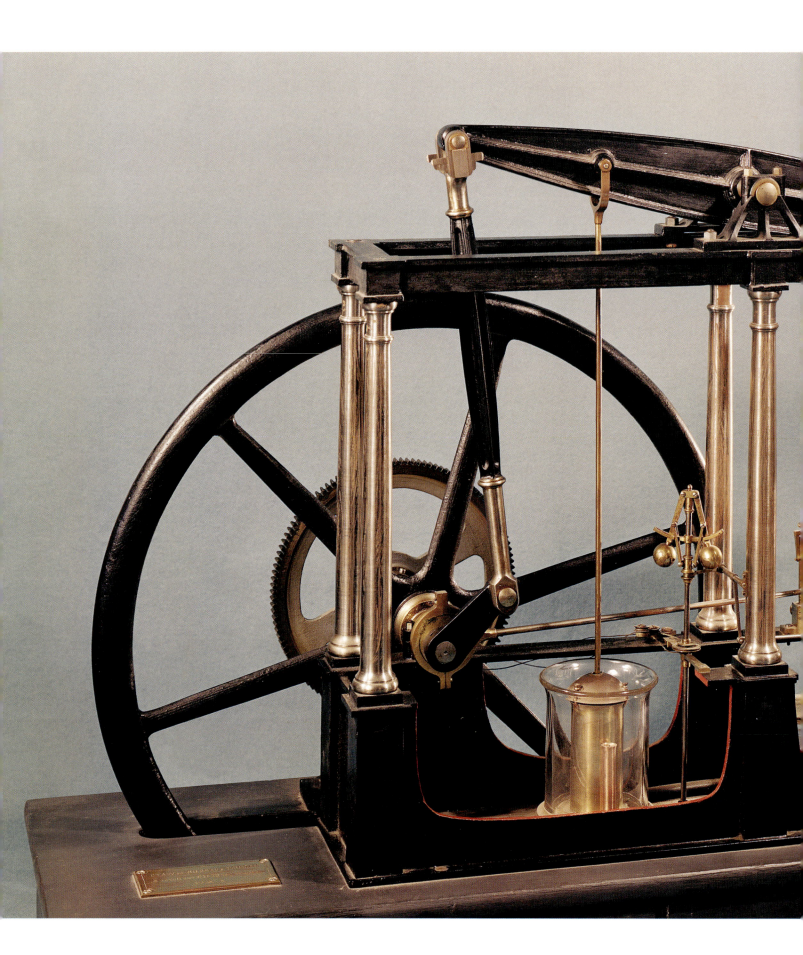

队分别于 1735 年和 1748 年向西进军进入德国，并于 1760 年短暂地占领了柏林。

科学的发展

18 世纪后期，随着物理学的重要进展，化学领域也有了新的进展，尤其是新的气体元素的发现。事实证明，新概念的应用是艰难的，但詹姆斯·瓦特对蒸汽机的重大改进背后是物理学的发展，当然也有一些其他领域发展的因素。玻璃制造和玻璃应用的结合，有助于设备和测量的标准化。不仅如此，眼镜对视力的提升推动了人们更强调现实主义，并且有助于老年人维持生活的技能。

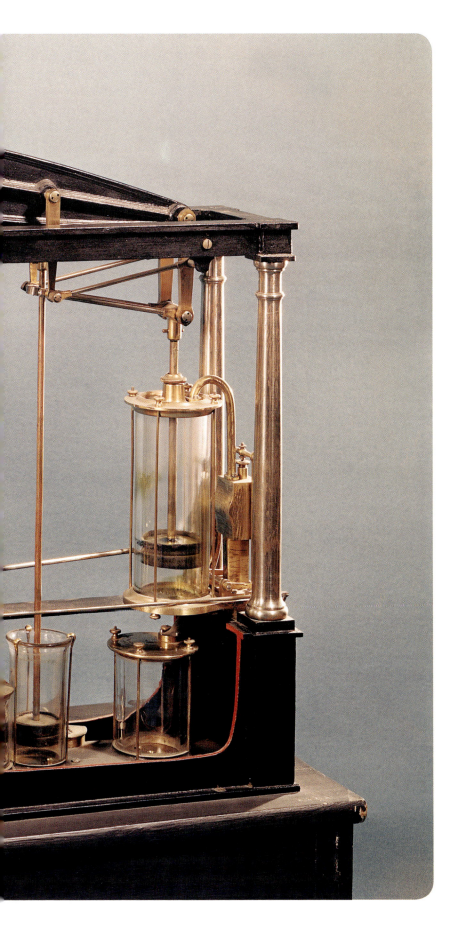

左图：1781 年詹姆士·瓦特设计的蒸汽引擎复制模型。

牛顿与科学的兴盛

英国科学家艾萨克·牛顿爵士（1642—1727）是历史上最重要和最有影响力的科学家之一，为诸如天文学、数学和物理学等很多领域的关键性进步作出了贡献。他于 1687 年出版了著作《自然哲学的数学原理》，概括了他关于经典力学和万有引力的一些新认识，这些认识建立在天地合一的概念之上，而万有引力吸收了通过望远镜得到的探索成果并受到同一物理定律的影响。牛顿发现了微积分、万有引力，系统阐述了运动定律，在 1703 至 1727 年担任皇家学会主席期间，牛顿的引导使得科学在不列颠和整个欧洲大陆赢得了真正的声望。

欧洲与世界经济

建立世界性帝国和覆盖全球网络的跨洋贸易，是欧洲的独特经验，这一经验建立在经济、科技和政权形式之间独特的相互作用之上。而这一过程开创了世界历史的新时期。

这一时期经济的增长支撑了欧洲海军力量的规划，同时科技的应用促进了海军的发展。统治者和大臣们热衷于支持跨洋贸易，试图从发展中的全球市场经济中获益。然而，欧洲列强之间的竞争也会产生不利的影响，对17世纪的葡萄牙，尤其如此。

具有讽刺意味的是，欧洲有时会受到来自更远地区进口商品的不良影响。从16世纪开始，从美洲大陆输入的白银导致了通货膨胀，到了17世纪，殖民地的商品，尤其是糖和烟草，给欧洲人的饮食和娱乐带来日益重要的影响。事实上，世界经济用糖、烟草、茶叶和咖啡，再加上已经深深影响欧洲人生活的酒精，改变了欧洲人原本的嗜好。

欧洲帝国：殖民地与公司

在18世纪，殖民地在大西洋沿岸欧洲国家的政治和经济盘算中变得更为重要起来。英国侵入了法兰西帝国，最引人注目的是其在1763年的《巴黎和约》中获得了加拿大。然而，英国在对抗西班牙帝国时却没有那么成功。

在世界的一些地方，特别在印度洋地区，欧洲各帝国的行动是通过贸易公司组织实施起来的，这些贸易公司被允许募集军队（然而，在已经存在大量欧洲移民的地方，这个方法就不那么重要了）。荷兰和英国的东印度公司被包括法国、丹麦、奥地利和瑞典在内的许多其他国家效仿。17世纪30年代至50年代，在将葡萄牙人从巴西驱逐出去的行动中，荷兰西印度公司未能取得胜利；同一时期，英国皇家非洲公司也未能主导西非的奴隶贸易，但是英国的哈德逊湾公司成为北美皮毛贸易的关键角色，并且成为加拿大北部的一个主权领主型的势力。

在大西洋世界，移民意义重大。欧洲移民大量前往北美，从不列颠出发的移民尤其多。比起新世界，前往

左图：出自东印度公司的一把剑的护手，以大写字母"VOC"变形制成。

非洲和印度洋地区的移民要少得多。也有一些从非洲前往新世界的非自愿奴隶移民，他们被用来解决殖民地因原有人口规模有限而产生的劳动力短缺问题，而且这一问题又进一步受到疫病的严重影响。大约有 1070 万奴隶被带到新世界，其中前往葡萄牙的殖民地巴西的奴隶数量最多。还有许多奴隶去了英国、法兰西和西班牙在加勒比地区的殖民地，他们主要被充作种植园的劳动力，特别是在出产糖、烟草、咖啡、稻米和棉花的种植园。

荷兰和英国的自由主义政治制度与国家主导的政治制度相比，在吸引本国和其他国家的资本家合作方面特别成功，这促生了一种政府和私营部门的共生关系，它们证明这个制度是有效且有价值的，特别是在发展海军力量方面尤为突出。对利润的共同追求鼓励各方力量妥协和解，尽管这并非毫无成本，也并非适用于每一个人。获取利润的可能性强烈地刺激了技术的发展，改善了有关战争、贸易和殖民的组织形式，所有这些因素构成了 19 世纪的世界进程。

启蒙运动

在 18 世纪的欧洲，对理性精神的运用几乎成为一种狂热崇拜。尽管这并不是一场合乎逻辑的运动，理性精神试图将功利主义和对个人幸福的追求结合起来（功利主义是一种基于在最多数人当中创造最大幸福理念的道德准则），后人将这场理性精神的运用称为"启蒙运动"。

在现实层面中，理性主义思想倾向及其影响是多种多样的。在意大利和波兰，尽管也存在改革的潮流，但是并没有像在法国那样提出对天主教的指责。启蒙思想的关键因素在于相信人类行为的可改进性与运用理性的价值。因此，在启蒙运动和与之同时发生的科学革命之间存在着重叠。启蒙运动中当然也伴随着名人文化，当中的领军人物包括法国作家伏尔泰和卢梭，其最突出的成果之一就是百科全书。

这一时期的开明君主则包括普鲁士大帝弗雷德里克二世（1740—1786 年在位）、俄罗斯大帝凯瑟琳二世（1762—1796 年在位）、奥地利的约瑟夫二世（1780—1790 年在位）和瑞典的古斯塔夫三世（1771—1792 年在位）以及一些领主，如在 1755 年至 1777 年间统治葡萄牙的庞巴尔侯爵。他们希望打造更强大的国家，以便能够应付国际竞争的紧张局势，尤其是支持庞大的军队。

百科全书

百科全书是一种将知识体系进行归纳整理和总结应用的体裁，是法国启蒙运动思想的重要综合文献。最初是将英国人以法莲·钱伯斯于 1728 年投资出版的《百科全书》译成法文，或按照某部大学文理词典的模式，出版一部将所有知识进行排列组合和交叉参照的读物。这部书的编撰于 1751 年由法国思想家丹尼斯·狄德罗和让·勒·隆达朗贝尔提出，它在当时成为一种大众参考文献，也是一种哲学思想的宣传工具。

在一篇名为《百科全书》的文章中，狄德罗写道，通过帮助人们变得见多识广，这样的一项工作将帮助人们更加拥有美德和幸福。百科全书是一部了解已知事物的指南，它对于未知的事物并不感兴趣，这种关注的方向可以激发人类的成就感，同时也远离超自然和神秘主义。《百科全书》也在各国用当地语言出版（母语）。

耶稣会的衰落

对耶稣会的镇压标志着各国与反宗教改革的天主教关系的决裂。耶稣会是一个国际宗教组织，对教宗有独特的效忠誓言，虽然他们在教会内部遭到嫉恨，但其倒台更像是国家对教会的胜利。1759 年，教士团被逐出葡萄牙，1764 年在西班牙被镇压，1767 年同样的事情发生在那不勒斯。1773 年，教宗克莱门特十四世受到法国波旁统治者的胁迫，后者占领了阿维尼翁和贝内文托的教皇领地，废除了耶稣会。这些事件也折射出教皇威望的下降。随即在其他的天主教国家，耶稣会也被镇压。耶稣会被废除是由于宗教裁判所的愤怒，而非出于启蒙运动知识分子的愤怒。

耶稣会在教育和神职方面的角色很大程度上由其他机构接管，但对耶稣会的压制也给那些执行镇压的人带来了不良的声誉。许多耶稣会士遭到残酷对待，不少有用的机构被摧毁或损害。两位匈牙利前耶稣会诗人，费伦茨·法鲁迪和大卫·萨博认为，对耶稣会的镇压是一种文化的死亡，是欧洲社会衰落的症状，相当程度上标志着"旧"欧洲的一去不复返。

哈布斯堡治下的神圣罗马帝国

与教皇体系一样，神圣罗马帝国是中世纪宪制体系最重要的幸存者。帝国大致覆盖了现代德国、奥地利和波希米亚地区，由一位选举产生的皇帝统治，帝国内各地区有许多共同的机构，如在雷根斯堡的一个"国会"（议会）和在威茨拉尔的一个皇家法庭。从 1438 年至 1740 年，以及 1745 年到 1806 年，帝国皇帝总是来自哈布斯堡家族，他们统治着奥地利、波希米亚和基督教匈牙利。1742 年，由于哈布斯堡男性继承人的缺失，巴伐利亚的查理·阿尔伯特被加冕为查理七世皇帝。

帝国历代皇帝的权力和权威受到普鲁士、汉诺威、萨克森和巴伐利亚等主要公国力量的限制，特别是在三十年战争之后的德国北部。当面对共同对手的时候——比如 1683 年至 1699 年的土耳其人和 1702 年至 1714 年的法国路易十四——一定程度的团结就能达成，在 18 世纪 10 年代末和 20 年代初，查理六世在恢复皇权方面取得了一些成功。但从 18 世纪 30 年代中期开始，它被来自奥地利—普鲁士的仇恨削弱了。1765 年至 1790 年的皇帝约瑟夫二世（1780 年至 1790 年统治奥地利）的政策和意图引起了广

右图：1510 年，约斯特·内格尔描绘的组成神圣罗马帝国的各个诸侯和公国。

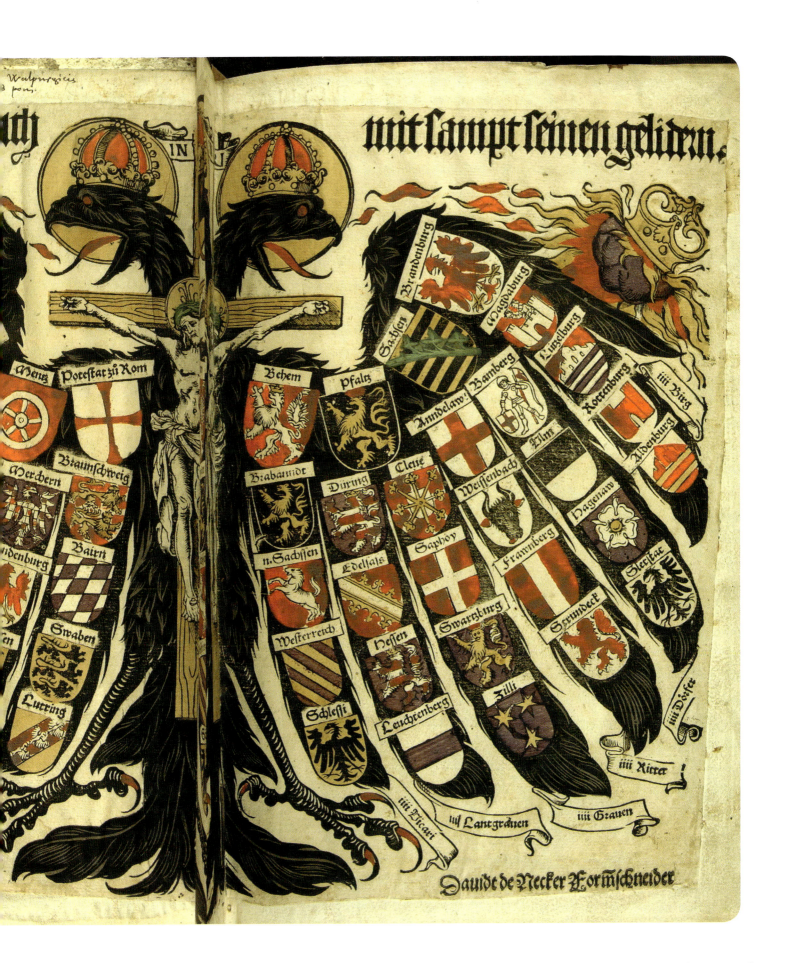

泛的担忧。德意志若想实现统一，需要新的讨论。

1806 年，神圣罗马帝国瓦解，最后的皇帝弗朗西斯二世成为奥地利皇帝。同时很多德意志邦国加入排除了奥地利影响力的莱茵联邦，这些变化实际上是贯彻了拿破仑的意志。

战争时代

在 17 世纪末 18 世纪初，冲突频繁发生，部分原因是统治者没有采取有效的和平仲裁制度来追求自身利益。这些战争刺激了对陆军和海军的大规模投资，也给各国的国内政治带来了压力。

盎格鲁—荷兰战争

发生在 1652—1654 年、1665—1667 年、1672—1674 年的三场战争，见证了欧洲两大主要的新教海上强国在海军和殖民地的争斗。事实证明，对贸易路线的控制是一个关键因素。到 1674 年，英格兰作为北美新教的领头羊，已经明显超越了荷兰。新阿姆斯特丹刚被占领后，就以海军大臣约克公爵詹姆士的名字重新命名为纽约，他后来成为国王詹姆士二世。

上图：1759 年 11 月 20 日，基伯龙湾战役是英法两国海军在七年战争中的一次重要海战。其结果是英国海军不仅在欧洲，而且在全世界确立了统治地位。

1701—1714 年，西班牙继承权之战

这是在西班牙查理二世（1665—1700 年在位）死后，为了争夺西班牙哈布斯堡家族的遗产而进行的一场波及广泛的斗争。因为查理二世去世的时候并无子女。法国的路易十四支持自己的次子，即西班牙的菲利普五世（1700—1746 年在位），反对奥地利大公查理，而后者得到英国和荷兰的支持。菲利普在西班牙击退了他的对手，但法国在后来的比利时、德国和意大利地区被击败，尤其是在布伦海姆战役（1704 年）和都灵战役（1706 年）中惨败。作为战争的结果，西班牙哈布斯堡王朝的继承权被分割了。查理在他哥哥死后成为皇帝查理六世（1711—1740 年在位），为奥地利夺取了伦巴第、那不勒斯、比利时和撒丁岛，并于 1720 年用撒丁岛与萨伏伊–皮埃蒙特的维克多，阿马迪斯二世交换了西西里岛。菲利普则得到了其余部分。

1740—1748 年，奥地利继承权之战

1740 年，奥地利皇帝查理六世在没有男性继承人的情况下去世，普鲁士大帝腓特烈二世提出继承部分遗产的要求，由此引发了一场战争。1741 年，法国为支持普鲁士介入战争；1742 年，英国站队奥地利也卷入进来。战争中，法国未能控制现代德国和意大利地区，但于 1745—1747 年从奥地利人手中夺取了比利时。在英国这边，由法国支持的俊美王子查理，即主张英国王位的斯图亚特家族之子查理·爱德华·斯图亚特的入侵企图，最终在卡洛登战役（1746 年）中被粉碎。

1756—1763 年，七年战争

这场战争是两次冲突的叠加：一次是在英国和法国之间（后来法国得到西班牙的支持），另一次是在普鲁士腓特烈大帝（1740—1746 年在位）和奥地利、法国、俄罗斯的联盟之间。英国最终决定性地击败了对手，而腓特烈大帝弗雷德里克赢得了一系列胜利，并成功地遏制了他的敌人。英国迎来了一个非常强大的局面。因此，它能够从美国独立战争（1775—1783 年）失去这一殖民地的损失中恢复过来，同时在其他地方抵挡住来自法国、西班牙和荷兰的压力。

普鲁士的崛起

普鲁士在腓特烈二世（1740—1786 年在位）统治下的崛起归功于战争的胜利。作为残暴的腓特烈威廉一世的继承人，年轻的腓特烈从小就被按照戎马生涯的要求来培养，他是一位敏锐的军国主义者，发展了一支卓越的军队。登上王位后，他迅速发动了奥地利王位继承战争，1740—1741 年，他成功入侵奥地利的西里西亚省。弗雷德里克在战场上经常采用决定性的攻击姿态，尤其是 1757 年，在科林和勒乌特恩对付奥地利人，在罗斯巴赫对付法国人。在 18 世纪 40 年代中期，他发明了"斜线阵进攻"，即将力量集中在攻击线一侧，同时将另一端向后拉。这使他能够打出致命的一击，并席卷对手防线。普鲁士的国内政策集中于备战，但腓特烈二世的这一套战法在 1806 年反对拿破仑·波拿巴的战争中失败了。

瑞典的古斯塔夫三世

"政府是干什么的？"这是变幻莫测的古斯塔夫三世（1771—1792 年在位）着重强调的一个问题。自从查理十二世在 1718 年的冲突中去世后，君主政体在瑞典的"自由时代"时期式微了。相比之下，1772 年古斯塔夫在广泛不满情绪的帮助下发动了一场不流血的政变。工室的权力被恢复，参议院议员被逮捕，国会被重新召集。新宪法也获得通过，授予王室更大的权力。古斯塔夫是最有才华的一位"开明专制者"，他的改革包括有限的宗教宽容、减少死刑犯数量和货币改革。

1783 年在罗马，他宣布在瑞典容忍天主教徒。1786 年，他重组了文学院，并成立了一所专门研究瑞典语言和文学的瑞典学院，亲自挑选了首批成员，包括当时首屈一指的诗人。不过，古斯塔夫对于赢得精英分子支持的必要性并没有予以足够的重视，他更愿意与自己喜欢的人合作，而不是通过他的议会。1789 年，在与非贵族阶层的合作下，他推动通过了《联合与安全法案》，根据该法案，王室执法的权力大大扩张。大多数公职向平民开放，农民购买土地的权利得到扩大。在晚年，他奉行更大胆的外交政策，这导致了 1788 年至 1790 年瑞典与俄罗斯的战争。1792 年 3 月 16 日，在一场贵族发动的阴谋中，古斯塔夫被暗杀。

前页：瑞典的古斯塔夫三世在 1772 年的一次政变中夺得政权，他是这一时期欧洲众多"开明专制者"之一。

上图：普鲁士的腓特烈二世是一位极其成功的军事指挥官，他在 18 世纪中叶赢得了对奥地利和法国的一系列重要战争。

左图：1789年6月，第三等级代表为应对国王路易十六的挑衅，宣布"网球场宣言"，声明在法国制定成文宪法之前，他们将不会解散。

革命的法兰西

法国大革命

在16、17世纪，欧洲国家的叛乱较为罕见，但从18世纪20年代开始变得多了起来。自17世纪中叶投石党之乱以来，法国没有发生过大规模的叛乱。爆发于1789年的法国大革命却非同寻常，因为它是在统治的中心爆发的。由于法国国内未能达成和解，以及从1792年起与邻国爆发战争，最初的叛乱变得越来越激进。

这些并不是不可避免的。在18世纪70年代和80年代，法国内阁试图建立一种类似于英国议会的机制，并将法国政府建立在公众意见代表机构的基础之上，规划了省级议会，首先召集一个显贵会议（1787年），然后召集三级会议（1789年）。1789年，赞赏英国体制的评论员们热情地促成了一场似乎是广受支持和成功的革命的开幕，这场革命可以与1688年和1689年在英国发生的事件相提并论。

三级会议的上一次召集是在1614年，而1789年5月5日在凡尔赛重新召开的会议反映了法国政治权力的分配。第三阶级的代表中没有农民和手工业者，实际上代表的是资产阶级和中产阶级的利益。1789年春，人们希望建立一种新的政治协议，但由于缺乏政治技巧，路易十六不愿与那些支持改革的人有效合作。三级会议不仅成为国家政治的论坛，也是一个政治组织，在此之前，与英国相比，法国政府处于瘫痪状态。政治改革的步伐，建立新宪法的迫切愿望，还有在至关重要的改革进程中强有力的国内反对派，以及寻求变革者之间的诸多分裂，这些都使得改革很快被更准确地用"革命"一词来描述。

令人兴奋的演说、环境的压力和日益增长的危机感使得第三等级在6月17日自行宣布自己为国民议会，并作为唯一民选代表要求拥有一定程度的统治权。政治危机与粮食短缺接踵而至，特别是在巴黎，粮食价格达到顶峰。在 7 月 14 日爆发的民众暴力行动中，巴士底监狱被攻占。保王派反革命的计划受挫，国民议会废除了一切封建权利和捐税，并在 8 月 26 日的《人与公民的权利宣言》中声称，人们在权利上是自由和平等的，所有政治团体的目的都应当是维护人的权利。10 月 5 日，王家宫殿凡尔赛宫遭到袭击，路易十六逃去了巴黎。

1790 年，关于君主立宪制运作的分歧集中在教会。教会财产被收归国有，教会变成了行政部门的一个分支。国民议会强制要求神职人员宣誓支持新的秩序，拒绝如此作为的神职人员将遭受解除神职的惩罚。这一制造分裂的举措却削弱了法国许多农村地区对革命的支持。

路易决定逃往国外，然后再寻求通过谈判恢复他的权力。1791 年 6 月 21 日，路易在逃亡途中被认出，在瓦雷纳被堵截押送回巴黎。因为君主对国家发展缺乏同情，导致了共和主义的支持率上升，这一点在 1792 年 4 月对奥地利宣战时表现显著。

对革命者来说，似乎至关重要的是动员群众开展斗争，反对一个阴险且又极其显而易见的敌人：一个公认的支持国内阴谋和叛乱的外国对手。这些事件突出了一个独特的现代主题，但也是一个可以追溯到古代的主题：偏执狂推动着民族主义语言的迅速发展，而革命和激进主义是这一斗争过程的起因和后果。

革命者创造了一种革命人民的主权意志的概念，即所有反对意见都是非法的，这也助长了当时的革命狂热。

右图：1789 年 7 月 14 日，法国起义者攻占了巴士底狱，这里据传关押了大量的政治犯。巴士底狱的陷落标志着法国革命的开端。

公制

1790 年，法国国民议会通过了一份报告，提出基于取自自然的不变模型统一度量衡。这一想法最初是由摆钟的发明者克里斯蒂安·惠更斯（Christiaan Huygens）于 1673 年提出的，他建议用钟摆以秒为单位摆动的长度作为通行测量的基本单位。1790 年，法国人建议用纬度 45°，即赤道和极点之间以秒为单位的钟摆长度作为单位。1791 年，国民议会采用米作为其通用测量标准，即从北极到赤道距离的一千万分之一，这是根据从敦刻尔克到巴塞罗那之间的巴黎子午线弧的测量值来确定的。1799 年，标准米被巴黎国际度量衡委员会采用。

最终于 1792 年 8 月 10 日，激进分子夺取了政权，攻占了巴黎的王宫，路易被捕。立法会议取消了君主制，9 月成立了一个国民大会，理论上由男性普选产生。1793 年 1 月 21 日，路易被送上断头台。

随着革命政权与越来越多的外国敌人进行斗争，它变得越来越激进。1793 年 6 月，吉伦特派被雅各宾派取代。他们利用 1793 年 3 月成立的革命法庭和 1792 年 10 月成立的公共安全委员会，在马克西米连·罗伯斯庇尔的领导下，发动了一场全面的恐怖统治。该政权谴责一切阻碍都是邪恶的"革命的敌人"所为。即决审判导致了许多保王党人以及那些被认为不够激进的革命者的死亡。"去基督教化"成为国家政策的核心内容之一。

革命政权的恐怖统治引起了人们的恐惧，但在 1794

下图：一幅版画，描绘了 1793 年 6 月吉伦特派受刑的场面。

汪代起义

法国内部对革命也存在着激烈的反对意见。1793年，在法国西部汪代地区爆发了一场大规模保王党人起义，起义是因革命政权试图强制征兵和对教会的袭击而触发。反抗者们自称王家和天主教军队。保王党最初的成功，得益于在森林地带作战的优势，但这也招致了残酷镇压，包括政府军的普遍暴行。这从一个方面体现了法国革命开始转变成为针对法国人民的战争。

上图：1793年勒芒战役，在汪代战争中的一次重要遭遇战，1852年由 Jean Sourieul 绘制。

九月大屠杀

1792年，除了攻打巴黎王宫外，在巴黎监狱还发生了对囚犯的大屠杀，其中许多人因涉嫌叛国罪被捕，并迅速被判处死刑，这是"人民审判"的一面。超过200名神父被杀。这次大屠杀使得许多欧洲人团结起来反对法国革命。达尔基思伯爵从古典世界中寻找类似的对比，他认为巴黎大屠杀超越了"罗马大屠杀中最肆无忌惮的类型"。

年7月27日，新一轮清洗的预期引发了"热月9日政变"（以革命的历法命名）。罗伯斯庇尔被推翻并被处决，一个不那么激进的政权取代了他的位置。这也导致1795年"督政府"的成立。然而，在1798年开始的第二次反法同盟战争中，督政府面临着巨大的国际压力。

拿破仑

1799年11月，科西嘉将军拿破仑·波拿巴（Napoleon Bonaparte）通过政变夺取政权，他因法国战胜奥地利（1795—1796）和入侵埃及（1798）而闻名。他成为主要的军队领袖，在1800年（马伦戈战役）和1805年（乌尔姆和奥斯特里茨战役）决定性地击败了奥地利，并于1806年（耶拿战役）击败了普鲁士。他的用兵之术，特点在于机动性强，并善于集中优势兵力。1807年，俄国军队用事实证明其是拿破仑的劲敌，1812年更是如此。

拿破仑成了一个所谓的"开明专制者"，他的权力几乎不受限制。但在他的外交政策中，他一再表现出机会主义的、冷酷的、不愿接受妥协的态度，一种试图以现代化以重塑欧洲的愿望，一种愤世嫉俗的对盟友的剥

左图：拿破仑·波拿巴于 1799 年夺取政权，他的统治以无休止的战争和迅速扩张为标志，但他进军俄国的决定导致了他的失败。

下图：1815 年滑铁卢战役中，英国将军惠灵顿公爵率领一支由英国人、荷兰人以及德国人组成的大军，并与一支由布吕歇尔元帅率领的普鲁士军队结成同盟，取得了决定性的胜利。

削，以及对征用政治的无情依赖。

拿破仑在 1808 年试图占领西班牙，1812 年试图入侵俄罗斯，但都败于对当时局势的洞察。前者导致了一场棘手的斗争，后者则引发了彻底的失败。1812 年，法国军队从莫斯科撤退，普鲁士和奥地利相继加入了俄国阵营；1813 年，拿破仑的帝国战败。特别是在莱比锡战役后，走向崩溃。1814 年，法国遭到入侵，拿破仑的对手向巴黎挺进，他的将军们开始叛变，拿破仑被迫退位。波旁王朝以路易十八之名复辟，此人是路易十六的兄弟。

1814 年，作为维也纳和平解决方案的一部分，拿破仑被流放到意大利西部的厄尔巴岛，但他在 1815 年逃脱。拿破仑躲避开地中海西部的战舰，在法国南部登陆，并很快重新控制了法国，但欧洲列强并不准备接受他的回归。拿破仑随后入侵比利时，结果在滑铁卢被英国、荷兰和德国（特别是普鲁士）的联合军队彻底击败，英国将军惠灵顿公爵亚瑟是他的克星。拿破仑向一艘英国军舰投降，然后被流放到遥远的、由英国统治的南大西洋圣赫勒拿岛，1821 年，他在那里去世。

1814—1815 年，维也纳条约

　　1815 年拿破仑短暂的回归，中断了维也纳的和平谈判，并改变了其中的一些条款。法国受到了更严厉的对待，失去了战略边境要地，不得不支付赔款，而且赔款通过占领的手段强制执行。胜利的盟国获得了重要的利益：奥地利得以掌控意大利，对伦巴第和维尼西亚直接统治，帕尔马和托斯卡纳则由奥地利统治者的亲属统治。但是相对于战前的态势来说，奥地利已经失去了比利时。普鲁士获得了德国西部的重要地区，包括科隆和摩泽尔河谷，这两个地区被设计成阻止法国扩张的屏障。然而，奥地利和普鲁士都失去了早先在瓜分波兰（1772—1795 年）中取得的成果，取而代之的是波兰落入俄罗斯的统治之下。英国在世界各地获得了一系列殖民地，在欧洲海域，它占据了马耳他、赫利格兰和爱奥尼亚群岛。皮埃蒙特获得了热那亚，比利时则被割让给统治荷兰的奥兰治家族。德国仍然保持分裂，但是邦国数目减少了。

变动中的地缘政治

　　后中世纪欧洲帝国的显著特征是，它们渴望将自己的力量投射到全球各地：到 18 世纪末和 19 世纪初，英国在这方面显然最为成功，这与俄罗斯有着有趣的相似之处。在几乎所有其他方面——社会、经济、宗教、政治——英国和俄罗斯之间的差异是巨大的。然而，在某种程度上，这两个大国都身处核心欧洲之外，能够在相当大的程度上保护自己的权力中心不受其他欧洲国家的影响，同时也能够在欧洲政治中扮演重要角色。当然，俄罗斯和英国在地缘政治上的孤立不应被夸大。从 1690 年到 1813 年的一系列事件来看，英国政府仍有充分的理由担心遭到外敌入侵。与此同时，俄国也常面临外来侵袭（1708—1709 年被瑞典，1812 年被拿破仑）、攻击（比如 1741 年和 1788 年被瑞典），以及威胁（比如 1791 年被普鲁士和英国）。尽管如此，由于战略位置与其他欧洲国家不同，他们都避免了三十年战争的蹂躏，都乐意打败拿破仑，并挫败了在民族主义时代到来之前重塑欧洲政治空间的最后一次尝试。

左图：维也纳会议见证了一种新的地缘政治平衡的建立。一个新的德意志联邦成立了，法国受到了抑制，英国则被酬以世界各地大量的殖民地。

第七章

欧洲
的
工业化

欧洲的工业化
1815—1914 年

　　欧洲的工业化转型与它在世界范围内帝国的和商业的统治地位密切相关。在欧洲大陆，人口迅速增长，越来越多的人居住在城市。随着民族主义和代议制（男性）民主的发展，政治变得更加民粹化。

工业革命

　　欧洲在 18 世纪晚期是全球工业化的中心，在 19 世纪更是如此，欧洲也从中受益匪浅。然而，这种益处是不均衡的，而且大部分集中在西北欧。

　　在欧洲的其他地方，则是另外一番景象，例如，葡萄牙制造商受到来自英国进口商品的压力。然而，欧洲的发展以及日益增多的富裕人口所带来的消费需求推动了整个欧

前页： 1857 年，伊桑巴德·金德姆·布鲁内尔在视察"大东方"号轮船的建造工作。

下图： 得益于本地区巨大的煤炭储量，威尔士的小村庄梅瑟蒂德菲尔成为当时世界上主要的炼铁所之一。

洲大陆的生产。对棉花和烟草的需求甚至延伸到了欧洲更遥远的地区，如巴尔干半岛地区。

煤是工业化的燃料，而木材需要耗费巨大才能产生足够热量，且产生的热量很难控制，因此木材只是许多工业生产过程的薄弱基础。相比之下，煤是一种易于运输和可控的高热值燃料，对制造业非常有益。煤炭可以全年开采，而水力轮机则受到冰雪、洪水和夏季水流下降的影响。英国是这场技术变革的关键中心。到1750年，煤炭为英格兰提供了61%的能源，产生了相当于430万英亩林地的能源。煤炭对特定工业，尤其是钢铁工业的发展非常重要，例如，在南威尔士，1796年有25座熔炉，1811年有148座；到1801年，威尔士的一个小村庄梅瑟蒂德菲尔成为当时世界主要的制铁中心。

像葡萄牙这样煤炭产量不足的国家和地区，工业增长乏力。煤炭短缺也影响了荷兰和斯堪的纳维亚的经济，这一情况在意大利和西班牙尤为严重。1880—1884年，英国的煤炭和柴煤（褐煤）年平均产量为159公吨，而法国、德国、比利时和俄罗斯的年平均产量加起来为108公吨；在生铁（粗铁）的生产数据上，1880年英国的数字是7.9，欧洲其他国家是5.4。

煤炭通过为蒸汽引擎机车提供能量，推动了铁路新技术的发展；也就是说，引擎在进步，不像它们18世纪的前辈那样静止不前。铁路给交通运输业带来了革命性的变化，但同样也是发展不均衡的。在巴尔干半岛、意大利南部或西班牙，每平方英里的铁路量，远少于德国、低地国家和英国。

同样，蒸汽船在航行时间和可预测性上有了极大的提高。而帆船因为购买和运营成本较低，仍然处于重要地位，但风和潮汐的影响减弱了。蒸汽船需要煤炭，其需求和运力导致贸易集中在利物浦和波尔多等少数拥有必要设施的港口，而较小的港口则被边缘化。蒸汽船—火车联运在特定港口的转运所起的作用强化了这一分化过程。

上图：威廉·华兹华斯（1770—1850年），浪漫主义运动的代表诗人。

浪漫主义

浪漫主义，19世纪早期的主流文化运动，它是一场与年轻人特别相关联的运动，它注重个人的经验和想象。这一流派拒绝既定的艺术规则。法国作曲家赫克托·柏辽兹和英国诗人威廉·华兹华斯就是典型代表。尽管并非所有浪漫主义艺术人物在政治上都是激进的，但他们当中有一种期待政治运动的激进主义风向。

民族主义

　　民族意识在 19 世纪变得更加强烈，并发展成为民族主义，使得其他价值观都服从于一个独特的国家占领特定地区的理念。发展壮大的国家、逐步改善的通讯、渐趋健全的国家教育体系、不断提升的大众识字率以及工业化、城市化和民主化，都是民族主义的重要先决条件，民族主义不仅是一种知识分子的纲领，而且是一种广泛而持续的社会大众运动。

　　民族主义具有象征意义，它引导和实现了社会的行为惯例。它认为语言和文学应当基于某种独特的民族性格之上，因此具有天赋的、独立的种族特征，而在全球范围内，欧洲人应当有别于"其他人"。对诸如"父亲（成长）之国""母亲（出生）之国"和"故土之国"等系列祖国概念日益增长的信仰激励了民族主义。

　　民族主义也得益于普遍男性公民权的兴起，因为它为群体原动力提供了新的基础，使军队征兵合法化，并试图模糊过去在"平民"和"军人"之间的差异。

左图：1848 年维也纳大学的街垒，1848 年革命导致整个欧洲民族主义情绪高涨。

民族主义与革命

1817 年，塞尔维亚实现自治

1821 年，瓦拉几亚起义

1821—1830 年，希腊独立起义

1830 年，革命席卷欧洲

1848 年，革命席卷欧洲

1848—1849 年，第一次意大利独立战争

1859 年 4—7 月，第二次意大利独立战争

1860—1861 年，加里波第率领"千人远征"

1861 年，皮埃蒙特的维克托·埃曼纽尔二世被宣示为意大利国王维克托·埃曼纽尔一世

1864 年，普鲁士从丹麦夺取石勒苏益格—荷尔斯坦因

1866 年，奥普战争

1870 年，教皇国归降于新的意大利王国

1870—1871 年，法普战争

1871 年，恺撒·威廉一世被加冕为德国皇帝

1871 年 3 月 18 日—4 月 28 日，巴黎公社夺取了城市控制权

1878 年，塞尔维亚被承认作为一个独立国家

1912—1913 年，第一次巴尔干战争

1913 年，阿尔巴尼亚独立

上图：在 1827 年的纳瓦里诺战役中，土耳其舰队被摧毁，这是希腊独立战争的一个转折点。

希腊独立与巴尔干半岛

由于两次被俄国击败（1806—1812 年和 1828—1829 年）导致严重衰弱，土耳其陷于严峻形势，无力阻挡巴尔干半岛日渐强烈的独立要求。塞尔维亚在 1817 年获得了自治。1821 年，摩尔达维亚和瓦拉几亚（今天罗马尼亚的一部分）的反抗归于失败。然而从那一年开始，发生在希腊的反抗获得了成功，这主要归功于国际社会的支持，包括俄罗斯沙皇亚历山大一世对东正教的同情。土耳其人请求埃及的支持，但土耳其—埃及联合舰队在 1827 年的纳瓦里诺战役中被英法俄舰队完全摧毁。这场战役影响了希腊的局势，尤其是因为海军的支援为打击土耳其驻军提供了机会。

1829 年的《阿德里安堡条约》结束了俄土战争，俄罗斯获得了多瑙河河口的控制权，塞尔维亚实现了自治，俄罗斯被允许占领摩尔达维亚和瓦拉几亚，直到土耳其支付一大笔赔偿金。实际上，经由保加利亚向阿德里安堡（埃迪尔内）推进，俄国人成功地帮助希腊确保在 1830 年获得独立。

此时的希腊比现代希腊小得多。直到 1863 年希腊才从英国获得爱奥尼亚群岛，又陆续在 1881 年、1908 年和 1913 年才从土耳其依次获得塞萨利、克里特、马其顿、埃庇鲁斯和爱琴海。1913 年希腊的大丰收是第一次巴尔干战争（1912—1913 年）的结果，在这场战争中，土耳其失去了帝国的大部分欧洲领土，这是继 1878 年它的领土大面积损失之后的又一次重大损失。塞尔维亚、黑山和保加利亚在那场战争中也取得了重大胜利，阿尔巴尼亚则于 1913 年独立。

第一次巴尔干战争的胜利者们争执起来，这导致了 1913 年晚些时候的第二次巴尔干战争。孤立的保加利亚被打败，领土被希腊、罗马尼亚和土耳其分割。保加利亚对此次战争失败的愤怒有助于解释为什么它在第一次世界大战中加入了德国和奥地利。

1830 年革命

虽然比利时 1830 年革命的光芒被后来的 1848 年革命所掩盖，但前者其实意义重大，尤其是它创建了一个新的国家——比利时。1830 年在意大利，反抗奥地利和教皇统治的叛乱陷于失败，同样，波兰反对俄国统治的叛乱也以失败告终。更严重的叛乱发生在法国和比利时，在这两个地方，政府都被推翻。1830 年在巴黎发生了武装起义，即所谓的"七月革命"，之所以未能被挫败，部分原因是正规军巷战能力不足。保守的法国国王查理十世不得人心，他被推翻，取而代之的是他的堂兄奥尔良公爵路易·菲利普，后者统治法国直到 1848 年，这段时期被称为奥尔良党人或者七月党人的君主统治。

一个国家出现的危机往往成为其他国家模仿的范例。布鲁塞尔爆发了一场反抗荷兰统治的起义，荷兰军队在巷战中失利，国际干预最终迫使荷兰人让步。1839 年危机的解

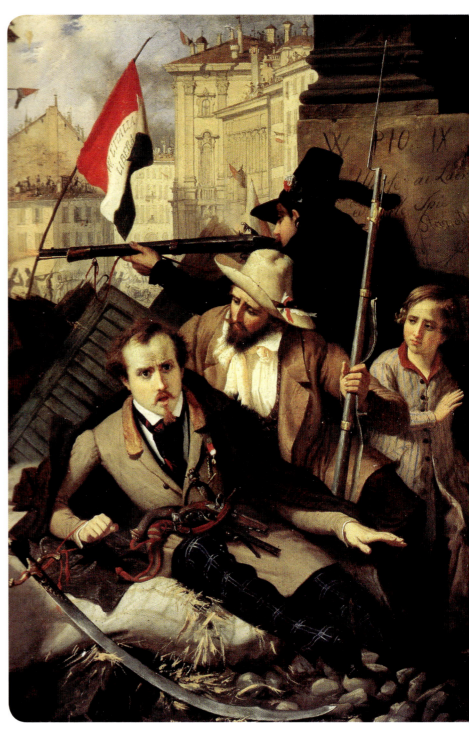

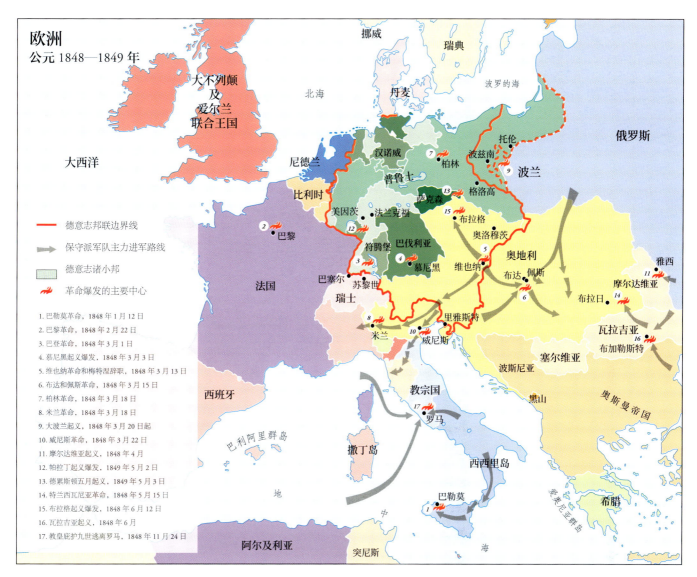

欧洲
公元 1848—1849 年

德意志邦联边界线
保守派军队主力进军路线
德意志诸小邦
革命爆发的主要中心

1. 巴勒莫革命，1848 年 1 月 12 日
2. 巴黎革命，1848 年 2 月 22 日
3. 巴登革命，1848 年 3 月 1 日
4. 慕尼黑起义爆发，1848 年 3 月 3 日
5. 维也纳革命和梅特涅辞职，1848 年 3 月 13 日
6. 布达和佩斯革命，1848 年 3 月 15 日
7. 柏林革命，1848 年 3 月 18 日
8. 米兰革命，1848 年 3 月 18 日
9. 大波兰起义，1848 年 3 月 20 日起
10. 威尼斯革命，1848 年 3 月 22 日
11. 摩尔达维亚起义，1848 年 4 月
12. 帕拉丁起义爆发，1849 年 5 月 2 日
13. 德累斯顿五月起义，1849 年 5 月 3 日
14. 特兰西瓦尼亚革命，1848 年 5 月 15 日
15. 布拉格起义爆发，1848 年 6 月 12 日
16. 瓦拉吉亚起义，1848 年 6 月
17. 教皇庇护九世逃离罗马，1848 年 11 月 24 日

上图： 1848 年，随着革命年代的到来，欧洲的动荡达到了顶峰。

左图： 《米兰五日》之插画，巴尔达萨雷·韦拉齐（Baldassare Verazzi）绘制，他本人也参与了 1848 年的革命。

决使得比利时在国际保障下成为一个独立的中立国家，这也是在 1914 年当德国入侵比利时的时候，英国投入战争以对抗德国的法律依据。

1848 年革命

1848 年，一些国家内部的紧张局势（包括民族主义引发的紧张关系）引发了一场席卷欧洲的统治危机。从 1 月份爆发革命的那不勒斯开始，要求自由改革的压力在法国、意大利、德国和哈布斯堡的辖地蔓延开来。意大利各地都发生了起义，包括博洛尼亚、佛罗伦萨、利沃诺、墨西拿、摩德纳、那不勒斯、罗马和威尼斯。

在一些国家，民族主义的紧张局势为抵制当局权威提供了特别的动力，特别是意大利对奥地利统治的敌意，德国对丹麦控制石勒苏益格和荷尔斯泰因的反对，以及匈牙利在奥地利统治下的躁动。匈牙利人宣布成立共和国并建立了国民军。这些民族主义掀起的紧张关系使得国内斗争与国际倾轧交织在一起。

有些叛乱成功了，有些则失败了。奥地利是哈布斯堡王朝统治下的多民族帝国，是镇压反对派的关键力量。1848年，意大利的民族主义在很大程度上被奥地利人击溃，但在1849年的匈牙利，奥地利借助俄国至关重要的干预才堪险胜。罗马教皇庇护九世（1846—1878年在位）于1849年被推翻，并宣布成立共和国；同年，奥地利、法国和西班牙军队帮助恢复了教皇的统治。

1848年，巴黎的君主政体被民众起义推翻，成立了第二共和国（法兰西第一共和国于1792年建立）。巴黎工人2月的一次起义迫使国王路易斯·菲利普和奥尔良派王朝体制下台，主要是因为这位年迈的国王不想调动正规军队来镇压革命。

然而，那年6月，当巴黎工人走上街头，反对废除国有工坊（一种公共资助的工厂）时，他们被第二共国的战争部长路易·欧仁·卡芬雅克将军镇压。卡芬雅克在这场斗争中占据了明显的地理和社会优势，他动用农民出身的正规军和国民警卫队，击破城市的路障，对抗叛乱人士的"绝望之军"。

激进主义垮台的受益者是拿破仑的侄子路易·拿破仑，他在12月当选为第二共和国总统。1851年12月，他发动政变巩固了自己的地位，成为拿破仑三世皇帝（1852—1870年在位）。

意大利与德国的统一

民族主义导致了国家的形成，尤其是将地理意义上的意大利（1860—1861）和德国（1866）转变为政治单元。作为哈布斯堡王朝统治下的一个多民族帝国，奥地利的每一次战败，都是对帝国命运的一次摧毁性打击。意大利以皮埃蒙特王国为中心，德国则以普鲁士王国为中心，但这两个王国都声称自己是新民族国家。

普鲁士赢得了对战丹麦（1864年）、奥地利（1866年）和法国（1870—1871年）的一系列全面胜利。此外，奥地利的节节败退，特别是在萨多瓦/克尼格雷茨的失败，与奥地利的日耳曼盟友——如汉诺威、黑森－卡塞尔和萨克森——的战败相对应，这意味着普鲁士开始掌控德国。德意志邦联内的以奥地利为首的双元强权体制消失了。奥地利没有选择向德国寻求一雪前耻，而是转向日益追求主宰巴尔干地区，这使得奥地利与德国谈判结盟成为

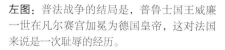

左图：普法战争的结局是，普鲁士国王威廉一世在凡尔赛宫加冕为德国皇帝，这对法国来说是一次耻辱的经历。

可能。由于普鲁士的吞并，德国军队招募的新兵越来越多，法国因此遭受了损失。

1870年，指挥不善的法国人在战争的头一个月被普鲁士人大败，但战争仍在继续。法国皇帝拿破仑三世在色丹投降，被第三共和国和一个国防政府取代。德国人随后包围了巴黎，炮击巴黎以迫使其投降。1871年法国投降，普鲁士吞并了工业重镇阿尔萨斯和洛林的大部分地区。这场胜利使普鲁士得以将其在德意志的霸权转变为一个由柏林统治的德意志帝国。

民族主义也导致了反对帝国统治的独立运动，这些运动以在波兰和芬兰反抗俄罗斯、在爱尔兰反抗英国、在巴尔干半岛反对土耳其为代表。事实上，民主思想的发展既有助于民族主义，

巴黎公社

1871年3月，以工人阶级为主的激进分子暴力夺取了对巴黎的控制权，招致了新共和政府军队的全面进攻。公社的法令范畴，大到政教分离，小到取消面包店的夜班。经过大规模的巷战，大约10000名巴黎人阵亡，这个公社在5月份被镇压。大约相等数量的被俘者立即被枪决。

下图：1871年巴黎公社期间，伏尔泰街上的街垒。在他们夺取政权之后，几乎立即作出军事反应，导致广泛的巷战发生。

上图：朱塞佩·加里波第在1860年领导了"千人远征队"，以支持西西里和那不勒斯的民众起义。他的成功为他赢得了国际声誉和意大利人民的钦佩。

也有助于反对帝国主义。

在意大利南北统一后，那不勒斯和西西里岛仍将意大利新政权视作外来政权，并时有激烈的抵抗。反对的声音如此明显，以至于在1866年，当18岁的年轻人被征召与奥地利作战时，那些来自不满的那不勒斯和西西里岛的人被免除征召。

1860年，皮埃蒙特的维克托·埃曼纽尔二世领导的军队与一支听命于朱塞佩·加里波第（一位曾经广泛游历的革命者）的志愿军联合起来，推翻了那不勒斯波旁王朝。加里波第和1000名红衫军志愿者从热那亚航行到马萨拉，帮助西西里岛人反抗波旁王朝。加里波第在卡拉塔菲米击败那不勒斯军队后，经过三天的巷战占领了巴勒莫。他在米拉佐击败了西西里岛剩余的那不勒斯军队，然后越过墨西拿海峡，向北进军，在沃尔图诺打败了那不勒斯军队，并夺取了那不勒斯。与此同时，维克埃·伊曼纽尔二世从博洛尼亚南下，分别在卡斯特菲达尔多和马塞隆击败了人数不多的教皇军队和那不勒斯人。加里波第将他的战利品交给了维克托·埃曼纽尔，使后者成为意大利新王国的名义领袖。

在西班牙，支持王室正统派则是利用了当地人的忠诚，特别是在纳瓦拉和加泰罗尼亚高地，这些正统派也就是反对马德里政府的保守派。在巴尔干半岛，以及更广泛的地区，许多活动仍以勉强维持生计为要，或仅为当地经济服务。工农业都是如此，并且极大地影响了民众的集体心理。

罗马的陷落

1870年，当意大利中部的教皇国被新的意大利军队成功入侵，就清晰地表明旧秩序的终结，标志着传统天主教力量的重大崩溃。尽管教会保留了大部分信徒的支持，但其机构却颇为羸弱，并且反宗教改革的天主教组织也已被摧毁。这是一个漫长的过程，在这个过程中，19世纪下半叶世俗民族主义政府的政策只是尾声。在此之前，罗马已经被消磨殆尽，首先是落入启蒙运动时期的政府之手，然后又被法国革命党人以及他们的委托人所统治。

沙皇统治下的俄国

1917 年俄国革命前的一个世纪，俄罗斯变革迅速。19 世纪经历了大规模
工业化、农业发展、城市化，以及亚历山大二世在 1861 年终结农奴制等变革，
其中最后一个变革影响了 2300 多万人。当时存在一股激进的反对势力，这导

下图：1861 年，沙皇亚历山大二世结束了
农奴制。民众对沙皇专制的愤怒导致了他
被暗杀。

致了亚历山大二世在 1881 年被暗杀。然而，这股反对势力只是一种边缘力量。事实上，与过去的两个世纪不同的是，当时俄罗斯没有发生大规模的叛乱。尽管亚历山大三世（1881—1894 年在位）和尼古拉斯二世（1894—1917 年在位）持保守主义态度，变革进程仍然不断向前，只是不如德国那样快。

在文化上，西化派和斯拉夫派之间存在着巨大的分歧，这分歧既涉及过去，也涉及现在（以及未来）。彼得大帝对前者来说是英雄，对后者来说则是恶魔，他的名声推动了关于俄罗斯身份和文化的辩论。

帝国积极推行俄国化，在赫尔辛基和塔林建造了大型（俄罗斯）东正教大教堂。塔林大教堂建于 1894 年至 1900 年间，是文化力量的一种明确展示。这座大教堂是献给亚历山大·涅夫斯基王子的，他分别在 1240 年和 1242 年击败了瑞典和德国（条顿骑士团）军队，并在 1547 年被东正教封为圣徒。

1854—1856 年，克里米亚战争

这一时期，民族主义不是冲突的唯一根源，国际强权政治在激发战争中起了关键作用。俄罗斯以土耳其人的利益为代价进行扩张，特别是 1853 年在锡诺普港附近取得重大海战胜利，这激怒了法国，并引起了英国对通往印度的陆路通道受到威胁的担忧。法兰西皇帝拿破仑三世将战争视为强化其国内地位的一种方式，因为他新近才取代了第二共和国。

这场波及广泛的战争最后聚焦于俄国海军在克里米亚的海军基地塞瓦斯托波尔，此处对在黑海的土耳其人来说构成了威胁。蒸汽船、电报和新型步枪等技术在战斗中发挥了作用。各方都发现了自己军队力量的短板，这有助于推动改革。从技术上来说，俄罗斯人的战败打破了他们精于战争的印象，而这一印象是拿破仑一世 1812 年入侵俄罗斯失败以来一直盛行的。

下图：1854 年 10 月的克里米亚战争中，"轻骑旅冲锋"对英国军队来说是一个灾难性事件。

帝国主义及其对非洲的争夺

帝国主义采用了一系列相互作用的组合手段。最关键的是，通过扩张帝国夺取领土成为常态，随着胜利和征服变得更加容易，扩张主义和对非欧洲人的优越感被激发出来。此外，在不断扩张和日益一体化的世界经济中，由于对原材料和市场的追求，经济机会似乎更具诱惑力。

帝国主义的活动在某种程度上是为了先发制人，因此，欧洲各国强权势力在世界各地展开了争夺。例如，英国进入苏丹的部分原因是为了阻止法国从萨赫勒地带向上尼罗河谷扩张，而葡萄牙、英国和德国在南部非洲的扩张则是为了挫败其他大国的类似企图。英国与俄罗斯在阿富汗和伊朗争夺，同时英国还与法国在东南亚竞争。

右图：1898 年的一本法国杂志隆重介绍了 19 世纪末以"争夺非洲"为特色的帝国热情。

上图：1894 年，"无马马车"是 19 世纪末进入市场的众多新消费品之一。

19 世纪后期的经济

　　新产品，譬如汽车、药品和电话等，为经济发展提供了机遇，同时也带来了适应性问题。这些消费品中有许多需要新的投资，而这些投资当时唾手可得，相比较第一次工业革命中至关重要的体力劳动密集的"敲铜打铁"式的旧式产业，新产业更依赖于技能和技术。各国工业力量的平衡随着德国的崛起而发生了改变，到 1914 年，德国在钢铁生产方面已经领先英国，在化工、电气工程和光学产品方面也成就卓著。然而，那时美国的产出相当于整个欧洲的产出，因此欧洲在世界经济中的相对份额（诚然份额依旧很大）趋于下降。

　　欧洲的农业生产受到跨洋生产的影响，特别是北美的谷物、阿根廷的牛肉、澳大利亚的羊肉和羊毛以及新西兰的羊肉。这得益于蒸汽轮船带来的运力和速度，以及海外的铁路系统。这些进口产品极大地打击了西欧的农业生产，并导致西欧农业将重点放在不能长途进口的商品上，如牛奶和蔬菜。

　　就工业而言，其价值与体积之性价比刺激了长期和短期贸易。各个国家的内部经济和各国经济体之间的联系日益密切。国家的发展趋向于共享，这一点在 1873—1896 年的经济衰退中尤为明显，这是继早期的普遍增长之后的一次衰退。

变革中的社会

在整个欧洲，等级社会及其价值观与快速的社会变革并存。这些带来了社会混乱、不稳定和焦虑，部分表现为对移民人群的敌意。顺从和守旧的社会模式正在消退。特权与精英观念并存。在有限的范围内，反映这些观念而又极大膨胀的体系——公务员制度、专业人士、大学和武装部队——在创建一个不同于传统贵族的新的社会和文化体系方面发挥了作用，尽管军队中并非处处如此。与此同时，工人阶级的政治意识和行动主义也有了显著发展，并具有国际支援的特点。在城市中，公共教育和后来的廉租房项目被设计出来，用以应对城市化和社会变革对社会公平的破坏。

科学技术

在 19 世纪，科技已经成为一个自由的精灵，更迭的累积性特征更加明显。在铁路和电报之后，汽车、电话、电力和无线电相继出现。在动力、载人飞行等技术创新之前，就有许多实现这些创新的尝试。就像儒勒·凡尔纳和 H.G. 威尔斯的作品所表现的一样，"科幻小说"这一流派的发展，证明了通过技术及其对集体想象力的影响，人类潜能看似不可阻挡地向前发展。

19 世纪的欧洲对机器的迷恋依然强烈，这种迷恋同时影响着大众和精英的文化，其中包括新的艺术形式——电影。艾米利奥·菲利波·马里内蒂在 1909 年发表的《宣言》以及随后在 1910 年发表的《未来主义画家宣言》发起了未来主义艺术运动，未来主义作为科学的信条，部分通过赞颂机器来表达。1917 年，弗朗西斯·皮卡比亚（Francis Picabia）在巴塞罗那创办了关注先锋派达达艺术运动的杂志《391》，将机器的形象当作生命的象征。

下图：1913 年，意大利未来主义画家艾米利奥·马里内蒂站在他的一幅画作旁。

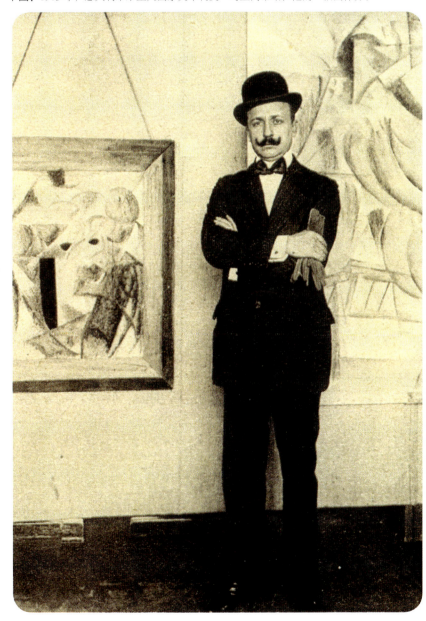

第八章

陷于战争
的
欧洲

第八章

陷于战争的欧洲
1914—1945 年

欧洲是两次世界大战的震中。特别是在第二次世界大战中，巨量的士兵和数百万平民死亡。法西斯主义等一些新的政治制度开始在欧洲落地生根，与此同时，社会和文化也发生了巨大变化。

通往战争之路

1914 年的战争并非是不可避免的。在那之前，好战和军备并没有导致战争，即使在 1908 年奥地利吞并波斯尼亚和 1912—1913 年巴尔干战争的危机中也是如此。然而，在 1914 年，欧洲既有的联盟体系对战争行为不再起到威慑作用。相反，这些联盟传播了人们对于国际地缘政治和国家政治更替的焦虑。这一点在奥匈帝国对巴尔干局势的关切上表现得尤为突出。在波斯尼亚的萨拉热窝，帝国皇帝弗朗茨·约瑟夫的继承人弗朗茨·费迪南德大公被暗杀，这使得奥匈帝国决心对塞尔维亚实施惩罚，以稳定这个多民族帝国的局势。然而这是一次不合时宜的决定，结果使得德国加盟了奥地利，而俄罗斯站在了塞尔维亚一边。

随着同盟国走向战争，法俄建立联盟，导致德国向显然更为脆弱的法国发起攻击，以削弱俄罗斯，为此，德国军队通过中立的比利时推进，而这就把作为比利时安全担保人的英国卷入了战争。众所周知，这是一场严峻而代价高昂的战争，而不是"梦游"式地进入一场重大冲突。然而，对于这场战争到底有多严峻、耗时到底有多长，显然超乎当时所有人的意料。

前页：1944 年 6 月中旬，盟军在诺曼底的奥马哈海滩登陆。

下图：1914 年的一份意大利画报头版刊登了弗朗茨·费迪南德遇刺的故事。

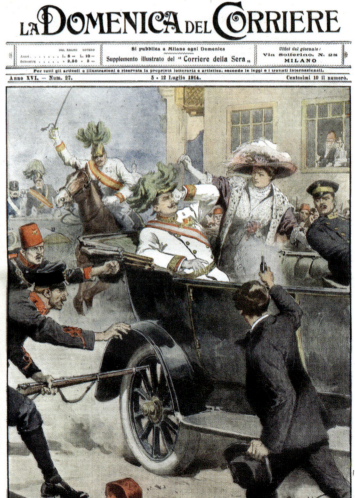

LA DOMENICA DEL CORRIERE

L'assassinio a Serajevo dell'arciduca Francesco Ferdinando erede del trono d'Austria, e di sua moglie.

(Disegno di A. Beltrame).

左图：1916 年初，塞尔维亚军队的残余部队穿过阿尔巴尼亚的山脉撤退。塞尔维亚被迅速击败，与西线不同的是，巴尔干半岛没有发生静态的堑壕战。

1915 年，战争面貌

我点燃了一支烟，假装不怕死的样子。就在这时，一个胳膊几乎断了的男人跑了过来。我非常害怕他会流血而死，但过了一两分钟我便战胜了恐惧，赶到他身边，站在战壕里给他包扎。我的下士刘易斯蜷缩在我身边的一个小洞里。我不让他出来，告诉他我们每次一个人就够了。突然一个炮弹炸向他，把他炸成碎片，冲击波撞倒了我，折断了两码外的担架手的腿。我不知道自己为什么逃过了这一劫。我崩溃了，本想逃跑，但听到了可怜的被击中腿的祈求者在呼唤我，因此我摸索着找到他并给他包扎。我从未如此震惊过……毫不夸张地说被震得晕眩，并且快要被震得崩溃了。

——医疗官休·奥尔·尤因上尉在洛斯战役中，写给未婚妻的信。

第一次世界大战

这场冲突造成的可怕伤亡——约 945 万人死亡，其中德国约 200 万人，俄罗斯约 180 万人，法国约 140 万人——让后人认为，这场冲突的沉重代价使得它毫无意义。事实上，在付出了巨大的代价后，侵略者最终还是被打败了，相较历史上的许多重大战争，这次大战的战争周期也要短一些。

随后的战斗大部分发生在位于法国和比利时的西线，但战争也包括了发生在东欧、巴尔干半岛、意大利东北部、中东和德国海外殖民地的广泛战斗。德国领导的同盟国在东欧和巴尔干半岛取得了成功，1915 年占领了塞尔维亚，1916年占领了罗马尼亚的大部分地区。1917年，由于俄罗斯在与德国的战争中屡屡失败，由此造成的紧张局势引发了革命，最终把俄罗斯当局拉下了马。第二年春天，在德国开出的条件下，在革命中夺取俄罗斯政权的共产党人通过谈判争取到了和平。然而，在大战的西线，德国在1914年、1916年和1918年的攻势并没有取得成功。

右图：德国士兵在 1918 年春季攻势（也被称为鲁登道夫攻势）中向前推进。

下图：帕森达勒战役中，协约国盟军士兵在空中支援下向前推进。

第一次世界大战的两场战役

凡尔登战役，1916 年

　　为了打垮法国人的意志，德国人袭击了凡尔登。他们原计划是在自己选择的战线上迅速推进，占领这片领土，那么法国人在试图夺回这些领土时将遭受重大损失。凡尔登是法国东北部默兹河谷的一座要塞，对法国人具有重要的象征意义，他们承受了重大伤亡，但意志仍然没有崩溃。这次进攻使德国人付出了沉重代价，也没有达到任何战略目的。在 1916 年 2 月至 12 月的战役中，法国损失了37.8 万人，德国则损失了 33.6 万人。

索姆河战役，1916 年

　　为了减轻法国在凡尔登的压力，一场由英国人主导的攻势于 7月 1 日在索姆河发起，但事实证明，在机枪火力面前，还没有遂行炮火压制就对防御工事开展的这场攻势是灾难性的，导致仅英军就有约 21000 人阵亡。随后的袭击也没有取得突破，最终到 11 月下旬，攻势付出的伤亡约 42 万英军和 20 万法军。与此同时，随着英法盟军进攻战术的提高，德国人可能损失了 50 万人。

战争的持续时间，部分取决于制定战术以恢复西部战线的机动能力所花费的时间，部分取决于弹药所能持续充分供应的时间。资源平衡也很重要：德国人在 1918 年耗尽了预备部队，一部分原因是因为他们在当年的春季进攻中损失惨重，另一部分是由于他们没有从东线调回足够的军队。在共产党人接管俄罗斯后，双方按照德

国开出的条件签署了《布列斯特—立托夫斯克和约》以结束战争。

相比之下，由于美国在 1917 年参战，协约国盟军有了新的兵源。美军在 1918 年扮演了重要角色，当然如果战争一直持续到 1919 年，他们将发挥更大的作用。美国的援助对维持英国和法国的战时经济也至关重要。

上图：1918 年 3 月 3 日，德国和俄罗斯的官员签署了《布列斯特—立托夫斯克和约》。

不仅如此，在 1918 年后期，当西部战线遭到法国和英国猛烈进攻时，德国人未能表现出他们早期所表现出的决心和毅力，并为此付出了巨大代价。这在一定程度上是因为德国的联盟体系和国内战线的紧张局势。然而，关键因素是德军在主战场上的失败，这一失败与 1944 年纳粹德国国防军被苏联军队击败虽有不同，但有异曲同工之处。英军致力于提高炮兵火力和精准度，以便掌控三维立体的战场，并且与战争早期相比，在战争后期的英军已经能够更为有效地运用火力。这时的战场，炮兵与步兵协同作战的改进也很重要。战败后的德国人开始撤退，于 1918 年 11 月要求停战，并得到了允许。

凡尔赛和约

第一次世界大战结束后，在 1919 年签订的《凡尔赛和约》中，德国的领土被法国、波兰、比利时和作为中立国的丹麦分割，德国海外殖民地也全部交出。1918 年，霍亨佐勒恩王朝因战败而倒台，德国随后成为共和国。赔偿方案（战时损害赔偿）是根据 1871 年德国对法国施加的赔偿模式制定的。和平条款旨在防止德国发动新的战争，从而为欧洲提供集体安全。在协约国国际军事管制委员会的监督下，德国军队的规模和装备受到严格的限制。德国还必须接受沿法国和比利时边境一线的一个被占领区以及紧邻的一个非军事区，其实际效果是阻止莱茵河为德国提供战略防御性阵地的可能性。

德国因战争罪条款蒙受羞辱，使德国蒙羞的还有坚持要求德国军官接受战争罪审判，其战争罪行特别包括 1914 年对比利时平民的做法以及恣意妄为的潜艇战后果。协约国阵营曾希望战犯被引渡到国际特别法庭受审，但在 1920 年，协约国同意了德国的要求，即在莱比锡的最高法院进行审判。在协约国列出的 853 名战犯名单中，最终仅仅 17 人受审。

左图：1919 年的和约在凡尔赛宫的镜厅签署。德国被认定为这场战争的罪魁祸首，被剥夺了大量的领土，并被要求支付巨额赔偿。

第一次世界大战前的欧洲

挪威　瑞典

丹麦

荷兰

比利时

卢森堡

法国

瑞士

德意志帝国

俄罗斯帝国

奥匈帝国

波斯尼亚

塞尔维亚

黑山

罗马尼亚

保加利亚

意大利

阿尔巴尼亚

希腊

奥斯曼帝国

凡尔赛条约后的欧洲

芬兰

挪威　瑞典

爱沙尼亚

拉脱维亚

立陶宛

丹麦

荷兰

苏联

比利时

卢森堡

法国

德国

波兰

捷克斯洛伐克

瑞士

奥地利

匈牙利

罗马尼亚

意大利

南斯拉夫

保加利亚

阿尔巴尼亚

希腊

土耳其

上图：第一次世界大战的结束导致了一些新国家的建立，也促使了另一些国家的扩张。

　　考虑到德国的侵略在引发第一次世界大战中起到的作用，和约条款是公平的，但当时却被批评者误认为是一种暴行。实际上，这些条款远没有"二战"后制定的条款那样苛刻，而"二战"后的条款通常被公认为成功地维护了和平。1919 年，战胜国适应了现实和意识形态；德国没有被协约国占领，但由于德国在早些时候打败了俄罗斯，战争结束时，德国仍然占领着东欧的大片版图。1918—1919 年，战胜国决心阻止共产主义革命从俄罗斯蔓延到德国，于是，法国关于将莱茵兰从德国分离出来的话题也就不了了之。

　　战后，哈布斯堡王朝也失去了他们的皇冠。奥地利和匈牙利成为小国，意大利获得部分领土，罗马尼亚获得特兰西瓦尼亚，捷克斯洛伐克取得了独立，塞尔维亚扩张成为南斯拉夫。新独立的波兰从俄罗斯、德国和奥地利获得领土。保加利亚的一些领土被希腊和罗马尼亚侵占。土耳其不得不接受自己的大部分国土被其他国家瓜分的命运，但在 1922—1923 年，一场成功的民族主义独立斗争结束了这一局面，土耳其人的独立斗争让希腊遭遇惨败。

妇女与选举权

19世纪，投票权的逐步扩大最初还仅仅限于男性。即使在那些自我标榜进步的国家，距离现代的平等标准还有很长的路要走。"领域分工"的概念已广为大众接受，人们普遍将女性的特殊角色定义为"家人"和"家"。

这种情况在20世纪第二个十年之初受到了挑战，尤其是来自英国坚持妇女参政权思想的人群的挑战，然而，他们的成功是有限的。另外，世界大战对女性地位产生了重大影响，更多女性进入劳动力市场，改变了社会陈规和实际，并进而鼓励了享有选举权范围的扩大。战争时期，人们对社会习俗的尊重程度有所下降，同时，战时的军事化社会中女性角色的迅速转变也对社会习俗产生了影响。随着男性被征召参战，经济领域接纳了女性，尤其是在英国的工业领域。此外，大量妇女和儿童取代了农村男性劳动力，许多妇女作为护士随军。1898年，英国军队医院中只有72名女军士，而在1914—1918年间，总共有32000名女性担任军队护士。空袭也把女性推向了伤亡的前线。在更大的地域范围内，许多人因战争而成为寡妇，其中仅法国在第一次世界大战期间就产生了多达60万名寡妇。

英国在1918年开始给予妇女以选举权（1928年则在平等基础上），而法国直到1945年才开始效仿。然而，在20世纪下半叶之前，妇女当选为国民议会议员并被任命担任政府高级职务的情况并不常见。1979年，玛格丽特·撒切尔成为英国首位女首相；2005年，安吉拉·默克尔成为德国总理。到目前为止，意大利还没有一位女总理，法国也没有一位女总统，尽管2017年大选得票位列第二的是一位名叫玛丽·勒庞的女性。

下图：1908年，英国妇女选举权运动的领军人物克里斯塔贝尔·潘克赫斯特在特拉法加广场发表演讲。

上图：二月革命始于 1917 年 3 月 8 日的一次妇女游行，目的是反对面包价格上涨。

俄国革命

　　1905 年，在被日本军事击败的阴霾下，俄国曾经历过一场革命，但规模很小，也迅速被镇压。相比之下，俄罗斯社会在第一次世界大战中承受的压力要大得多。俄罗斯政府在运输和粮食分配方面的组织弱点尤其明显，由此产生的压力集中在城市，而城市的粮食需求是最大的。

　　由于国内缺乏团结以及相关的政治和社会紧张局势，公众的偏执情绪日益高涨，食品短缺问题变得更加严

重。据称，"投机者"控制着民众，而包括沙皇皇后在内的"德国人"背叛了民众。实际上，与德国人关联在一起的所谓"背叛"的指控，正是他们自己在颠覆活动中娴熟地予以运用，特别是在 1917 年 4 月安排布尔什维克（共产主义者）领导人弗拉基米尔·伊里奇·列宁返回俄罗斯。除了民众的愤懑情绪之外，社会精英当中也有很大的不满，不仅集中在尼古拉斯二世本人身上，也针对沙皇专制制度。

　　1917 年 3 月 8 日，在圣彼得堡举行的一场反对面包价格上涨的民众示威引起了紧张局势，但警方未能控制局势，政府便动用了军队。心怀不满的军队于 3 月 12 日拒绝向人群开火，并举行了罢工。第二天，军队和工厂选出了代表组成"苏维埃"委员会。面对愈演愈烈的混乱局面，一些政客和将军认为有必要采取行动，于是他们决定除掉尼古拉斯二世。尼古拉斯二世于 3 月 15 日退位，结束了罗曼诺夫王朝和君主制，杜马（议会）成立了临时政府。按照旧式儒略历法，这一事件通常被称为"二月革命"，革命从 2 月 23 日持续到 3 月 3 日。

　　"二月革命"缓解了政治紧张局势，但上台的政府并没有解决无法有效推进战争的难题，也没有解决国内社会承受的巨大压力的问题。更为糟糕的是，战事尽管没有可能取得胜利，战争却还在继续。事实上，1917年11月新政府的最终垮台，很大程度上是由于它在战场上

上图：1917年10月革命期间，弗拉基米尔·伊里奇·列宁在红场向群众发表讲话，列宁是布尔什维克运动的主要领导人物之一。

的失败；它既无法率领军队获胜，也没有能力带领国家从战争中完全脱身。

　　这一时期，布尔什维克在圣彼得堡苏维埃的影响力

增加，11月7日的一次政变导致了政府在几乎没有抵抗的情况下倒台。政府无法依靠军队，因为他们坚持继续与德国人作战的意愿损害了政府与军队的合作。起初成立了一个布尔什维克主导的联合政府，但布尔什维克迅速控制了政府。1918年春天，布尔什维克发动了一场夺

取政权的运动，于是爆发了一场持续至1921年的内战。

在内战中反对布尔什维克的势力不仅包括白军（保守派），有时也包括绿党（农民军），以及来自左翼的敌对势力，还有那些有着自身分裂主义目标的非俄罗斯民族的势力，例如，乌克兰人和芬兰人。此外，还有反

左图：白俄骑兵部队在 1918—1921 年的俄罗斯内战中前进。他们虽然得到来自法国、英国等其他国家军队的援助，但最终被布尔什维克击败。

世界性革命

在第一次世界大战后风云变幻的形势下，人们付出了巨大的努力来传播共产主义革命。在制度上而言，这一信念是在 1919 年创建的共产国际（或称共产主义者国际组织）中传播出来的。众多共产党开始成立。1919 年 3 月，在贝拉·库恩领导下的共产党政府在匈牙利赢得了政权，并宣布匈牙利为苏维埃共和国。然而在当年夏天，罗马尼亚人在捷克的支持和法国的援助下，与罗马尼亚保守派结盟，镇压了国内的革命。1919 年，共产主义在欧洲其他地方也受到了遏制，尤其是在德国。此后共产党人并没有获得对任何独立国家的控制，直到 1940 年苏联军队占领波罗的海诸共和国：爱沙尼亚、拉脱维亚和立陶宛。

对新政权的外国势力，包括来自英国、法国、希腊和罗马尼亚的势力。就联盟而言，这是一个强大的阵容，但它的内部却是分裂的。此外，白军作战不力，无法赢得和维持农民的支持。布尔什维克还得益于控制了莫斯科和圣彼得堡，以及在内线作战。他们竭尽所能地调动资源，采用革命的暴力镇压反动派。

布尔什维克成功地击败了他们的对手，重新控制了乌克兰和高加索地区，但在芬兰、爱沙尼亚、拉脱维亚、立陶宛和波兰等地遭遇了失败，这些地区都先后独立了。1918 年，沙皇尼古拉斯二世及其家人被处决。

布尔什维克运动开始的时候，俄罗斯的共产党人心怀乌托邦，组织起强大的军事力量，信奉无神论思想，对俄罗斯过往的历史也持排斥态度。在内战中和 20 世纪 20 年代，东正教遭到打击，数万名神甫和僧侣死亡，教堂、修道院和圣人墓被破坏。这一系列行为的结果，使得俄罗斯的物质和精神的景观以及人民的心理特性发生了改变。

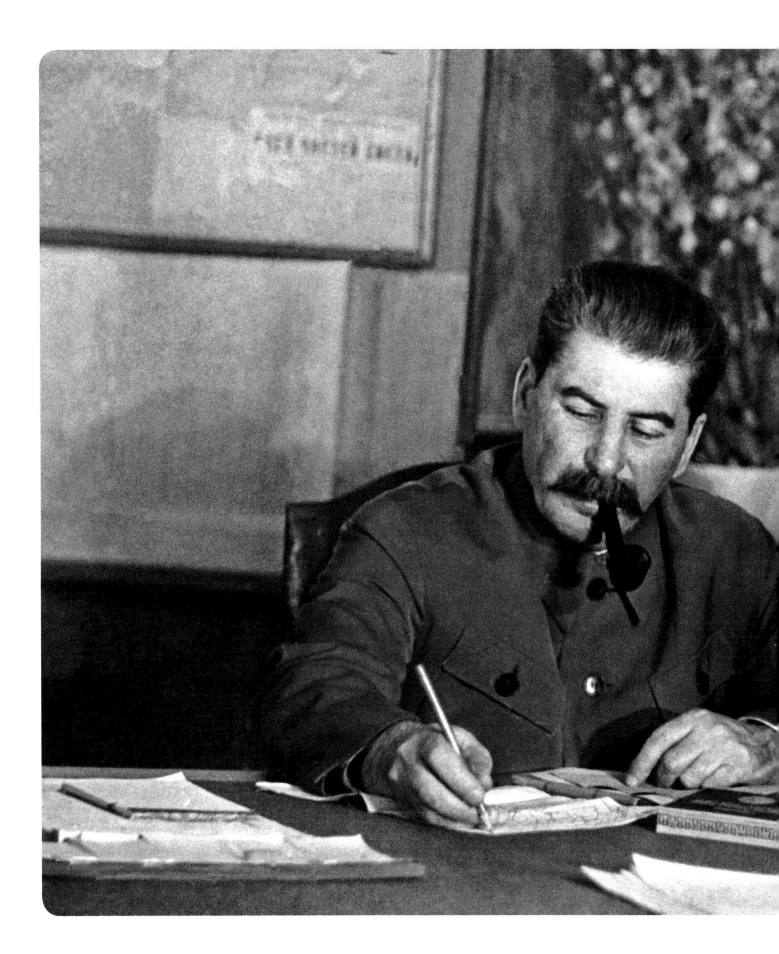

斯大林

　　1924 年，列宁逝世，继任者是约瑟夫·斯大林——一个富于理想的人物。他勇于对敌人开展斗争，坚持推行自己的现代化构想。他利用政府控制来指导工业化和强推农业集体化。东正教被进一步打击，穆斯林的法庭和学校被约束。政府掌握着信息，人民生活在宣传的口号中。工业部门和发电业有了重大发展，但在生活水平方面付出了代价。

　　据说在 1931—1933 年苏联饥荒期间，乌克兰有 300 万—500 万人死亡，哈萨克斯坦北部和俄罗斯南部也有 200 万人死亡。这种现状在某种程度上招致了乌克兰和其他地方以种族灭绝为名的指控，这一指控是乌克兰在 1991 年独立后，经常表达的主张。1937 年，11 年来第一次苏联人口普查信息被列为保密，有说法是因为它揭示了十年间早期饥荒所造成的人口损失，而根据苏联政府的说法，所谓的"大饥荒"并没有发生。

　　斯大林认为战争不可避免，且迫在眉睫，因此他制定了冒险的现代化策略。但是由于规划理想和现实执行之间持续存在的差距，20 世纪 30 年代，苏维埃政权采取了更加冒进的举措。这些措施导致针对军队和经济领导人员的清洗。斯大林的竞争对手列夫·托洛茨基，指出前者导致"血流成河"，而托洛茨基本人在 1929 年被放逐，并于 1940 年被杀。

左图：斯大林在寻求苏联国家现代化的过程中，存在一些争议。

左图：古斯塔夫·斯特雷泽曼（右）站在法国政治家阿里斯蒂德·布里昂旁边。二人因促成德法和解而被授予 1926 年的诺贝尔和平奖。

战争间隙的欧洲

第一次世界大战后，各国的复苏和战后的秩序混乱支撑了 20 世纪 20 年代的欧洲体系，许多国家的政府都采用民主体制，欧洲体系大体上是和平的。右翼威权主义在意大利、葡萄牙和西班牙稍有抬头，而共产党的发展遭到遏制。并非像人们经常认为的那样，战后的和平协议播下了新战争的种子，至少从西方利益的角度来看，实际上，战后和平协议所建立的国际体系在 20 世纪 20 年代的效果比得到普遍认可的 20 世纪 30 年代要好。与之前的 1914 年一样，各国国内局势不稳定，但国际紧张局势却没有当时那么严重。

和平协议之后，还达成了一系列旨在防止冲突的国际协定，特别是 1925 年的《洛迦诺公约》，该公约为西欧提供了共同安全保障，并将德国重新纳入国际体系，这比许多人在 1918 年预期的更早。在 20 世纪 20 年代，欧洲列强强烈希望建立一个可行的、协商一致的国际秩序。

因此，认为凡尔赛体系导致了希特勒崛起的想法是不恰当的。希特勒拒绝了《凡尔赛和约》及其试图建立的国际体系，但在 20 世纪 20 年代，负责任的现实政治，需要妥协，并受益于那十年国际关系中的理想主义潮流，这集中表现在那个时期更为突出的另一个德国人身上，这个人名叫古斯塔夫·斯特雷泽曼，他于 1923 年至 1929 年任外交部长，如果没有 20 世纪 30 年代大萧条带来的衰退、保护主义、苦难和极端主义，20 世纪 20 年代的秩序很可能会维持下去。

大萧条

肇始于1929年华尔街崩盘的金融危机，世界经济出现了重大衰退。各国政府越来越多地从本国而不是国际的经济状况来进行思考和规划。这导致了一定程度的社团主义，因为各国政府试图引导劳动力和资本，这有利于经济和国家政策更紧密结合。相比之下，民族主义的经济观点在政治和意识形态上发挥的作用，以及由此产生的保护主义，使得经济全球化进程受阻。出口和从海外引进资金和技术变得更加困难。

欧洲遭受重创。失业率大幅上升，就业不足人数也大量增加。到1934年，约10.7%的意大利男性劳动力失业。此外，由于其他地方机会变少，移民变得更加困难。大萧条挫伤了人们对民主制度的信心，促使人们转向极权主义。到1938年，捷克斯洛伐克成为东欧唯一的民主国家。

法西斯主义的崛起

在意大利，人们对第一次世界大战后和平条约的不满伴随着包括失业率上升等在内的严重经济问题。各大政党无法合作，对共产主义的担忧所引发的"红色恐慌"被贝尼托·墨索里尼利用，墨索里尼成立了法西斯小组来打击共产主义。法西斯主义表现出强烈的反左派倾向，并展现出与上层精英结盟的意愿，它还利用了知识分子和其他不喜欢平民大众和议会民主的人对自由主义的敌意。法西斯主义内部的不同倾向使它变得不稳定和无组织，依靠华丽虚饰的辞令来提供凝聚力。墨索里尼本人认为，雄辩术是领导大众所必需的情感和热情的一个方法，尤其是激进的民族主义。由于缺乏声望，甚至缺乏明确的目标，政府在1922年屈服于墨索里尼夺取政权的行动，这被称为"向罗马进军"：事实上，墨索里尼和许多其他法西斯分子一样，都是乘坐火车去的罗马。

极端主义的兴起

1922年，墨索里尼在"向罗马进军"运动中夺取政权

1923年，希特勒领导的慕尼黑暴动失败

1928年，墨索里尼废除选举

1929—1939年，大萧条时代

1933年，希特勒成为德国总理

1936—1939年，西班牙内战

1936年，希特勒进军莱茵兰

1938年3月，奥地利与德国合并

1938年10月，苏台德地区被割让给德国

1939年3月，德国入侵捷克斯洛伐克

1939年9月，德国向波兰宣战，第二次世界大战开始

上图：意大利法西斯统治者贝尼托·墨索里尼于1922年夺取政权。

墨索里尼一上台就控制了该国的大部分地区，并于 1928 年废除了选举。反对派遭到恐吓、监禁和暴力镇压。他的"伟大成就"和"宏伟形象"得到大肆鼓吹和传播。他承诺将在国际争端中使用武力，特别是在 1935—1936 年征服埃塞俄比亚的过程中，却没有意识到意大利实际上实力有限，而且经济疲软。

西班牙内战

　　西班牙右翼民族主义者在 1936—1939 年的激烈内战中获胜，这是右翼发动反对共和国政府的军事叛乱的结果。这场叛乱并没有像最初他们计划的那样迅速成功，反而陷入了一场斗争，在这场斗争中，共和国政府继续控制着这个国家的大部分地区，直到 1939 年初他们迅速垮台。双方都得到了国际社会的支持，对比明显的是，德国和意大利支持右翼民族主义者，苏联支持共和党人。内战期间，德国飞机对城市——尤其是格尔尼卡——进行了恐怖轰炸。获胜的右翼民族主义领袖弗朗西斯科·佛朗哥将军，摇身一变成为独裁者。反对派遭到无情镇压。

上图：西班牙内战期间，共和军士兵准备发动攻击。

上图：1937 年，阿道夫·希特勒向他的支持者发表演讲。事实证明，他成功地利用了大萧条带来的政治机遇。

希特勒

1919年，德国克服了战后危机，以魏玛共和国的形式建立起民主政体。这种情况一直持续到1933年，为德国带来了经济复苏和一定程度的政治稳定。极端情况被遏制住，如1923年阿道夫·希特勒和他的极右组织纳

粹试图在慕尼黑发动政变，但他们失败了。后世将魏玛共和国视为失败的尝试，但其实在第一次世界大战后，德国作为战败国的艰难处境中，它算是一个成功的自由社会。

然而，魏玛共和国在大萧条的创伤中崩溃了。纳粹在选举中表现出色，还得益于其他政客之间的分裂。希

特勒于1933年1月就任总理，并迅速引入纳粹的垄断权力。为应对1934年的财政压力，希特勒没有采取限制重整军备的措施，而是继续推进。他于1936年制订的四年计划，旨在确保四年内的自给自足，并随时准备开战。同年，他还无视凡尔赛和约，单方面重新军事化了莱茵兰地区。但英国和法国没有给出回应。

1938年3月，希特勒继续向前推进占领奥地利，将其与德国合并为德国统一联盟。这是对欧洲地图的一次根本性重绘。他转而要求捷克斯洛伐克交出日耳曼人占多数的苏台德地区。在战争的威胁下捷克人屈服了，在英法与德国和意大利签订的慕尼黑协议中，捷克人也被英法所抛弃。

1939年3月15日，希特勒占领了捷克斯洛伐克大部分地区，打破了他在慕尼黑与英法达成的协议。作为回应，3月31日英国和法国保证波兰和罗马尼亚免受德国的袭击。然而，这项保证被8月23日德国和苏联签订的《莫洛托夫—里宾特洛普条约》所削弱，这是两国之间的一项互不侵犯协定，大大扩大了德国的机会。1939年9月1日，德国入侵波兰，9月3日，英国和法国向德宣战以示反应。

第二次世界大战

　　1939 年，德国在波兰迅速取得成功，而在 1940 年春，德国又征服了丹麦、挪威、卢森堡、荷兰、比利时和法国，这在当时令全世界震惊。除了法国以外，上述所有遭到侵略的国家都是中立国，德国发动攻势的动机是侵略，这些征服也使它获得了战略优势。例如，对挪威的占领为德国发动对英国的海上进攻提供了战略基地。

　　1940 年，英国军队被迫从挪威和法国绝望地撤退，英国本土也受到了空袭和入侵的威胁。这也标志着局部战争的结束。事实上，这时德国已经提出了调解。但在温斯顿·丘吉尔领导下的英国新政府对胜利在握的德国所划定的调解和平并不感兴趣，英国新政府的这一决定意味着冲突将继续下去，直到其他大国的行动产生决定性影响。

　　德国人的成功在很人程度上归因于其采取主动进攻战略，并且发挥了空军和坦克部队的机动性。然而，对手在战略上的严重缺陷以及苏联的合作才使得德国的胜利成为可能。与希特勒的合作，证明斯大林选择了将国际共产主义的事业排

左图：1940 年德国军队穿过比利时。比利时在战争开始时是中立的，但它的战略位置使它成为德军眼里的诱人目标。

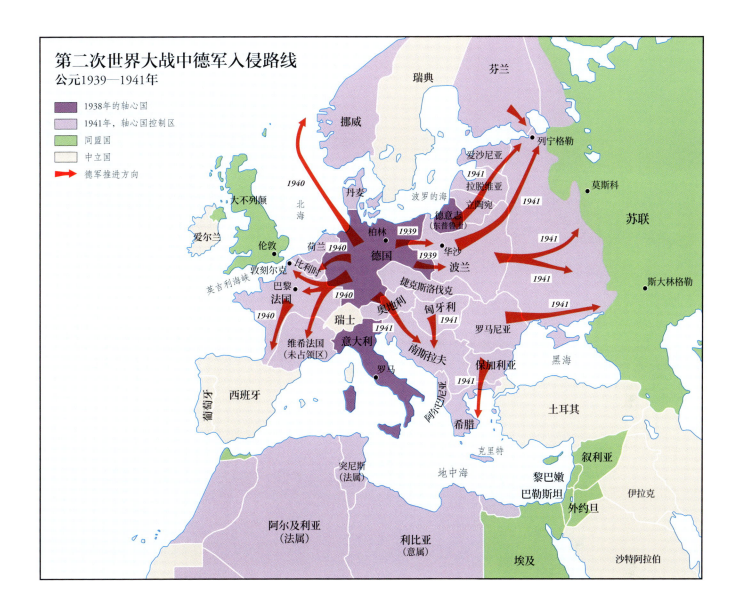

第二次世界大战中德军入侵路线
公元1939—1941年

- 1938年的轴心国
- 1941年，轴心国控制区
- 同盟国
- 中立国
- 德军推进方向

上图：德国的征服行动使欧洲大部分地区处于纳粹的控制之下。

前页：在1940年入侵丹麦和挪威的"威瑟堡行动"中，一名装备有机枪的德国士兵在挪威待机行动。

中立国

在两次世界大战中都有许多中立国，尽管面对战争双方的攻击或压力，并非所有国家都能保持中立。西班牙、瑞典和瑞士在两次世界大战中都是中立国。在第一次世界大战中，丹麦、荷兰和挪威也是如此，但这三个国家在1940年都遭到了德国的无端突袭。爱尔兰在第二次世界大战中保持中立，现在独立于英国。中立国也遭受了战争的破坏，以及更直接的损害，如交战各方试图实施封锁时，中立国的船只也被潜艇击沉。

位在与德国合作开展的国家扩张事业之后。希特勒和斯大林都拒绝自由式的资本主义，然而，对希特勒来说，与西方的战争只是他决心摧毁共产主义的图谋的一个步骤。1941年6月22日，他发起了入侵苏联的"巴巴罗萨行动"。这一行动最初是成功的，苏联在1941年底遭受了领土和人力的严重损失。然而，德军在军事行动中已经显现出的短板，又因需要征服的广袤领土和苏

上图：1940年2月，一支芬兰机枪队准备抵抗苏联的袭击。波兰沦陷后不久，苏联在"冬季战争"中入侵芬兰。

德国的欧洲

纳粹领导层计划建立一个"新秩序"，扩大德国版图，不仅包括奥地利和捷克斯洛伐克的大部分地区，还包括从南斯拉夫、波兰、法国、比利时和卢森堡获得的领土。这将是一个新的欧洲体系的核心，该体系分为德国直接管理下的领地（如挪威）、德国占领下的藩属国（如塞尔维亚）和盟国统治下的属地，而德国人处于种族等级的顶端。因此，乌克兰被划拨给纳粹党卫队，以让乌克兰农民对其实行耕种供养。欧洲经济，无论是被征服地区抑或结盟，都将屈从于德国的利益。欧洲其他国家则向德国提供强制性劳动力、原材料和食品，并按照德国的条件接受德国的工业产品。欧洲将修建起新的交通枢纽。

联巨大的战争后备潜力而变得更加严重。由于对闪电战价值的过于自信，以及1940年对法国的迅速胜利导致的优越感和自特精妙的战术和高超的作战技能，德国人并没有为这场冲突做好充分的计划和准备。持有残酷的种族信仰的德国人低估了苏联人，并残忍地对待苏联人。

1941年12月，德军在距离他们的目标——莫斯科和圣彼得堡不远的地方被拦截止步。1942年6月28日，德军再次发动攻击，却因作战计划构思不周、执行不力而备受折磨。1942—1943年间的冬天，德军在斯大林格勒的反攻中被击败。1943年7月，德国人在库尔斯克发动进攻，却再次落败。

这一失败导致了德国国内的信任危机，希特勒的盟友墨索里尼的倒台和英国对汉堡的猛烈轰炸是造成这一危机的重要原因。反之，希特勒为了将德国人留在战争中，调制出一种混合了狂热和恐怖的"毒酒"以麻痹德国人。德国国内的抵抗是有限的，最严重的例子是 1944 年 7 月的炸弹袭击事件，但这次军官们的密谋未能杀死希特勒，反而迅速被镇压。

1944 年，德国面临盟军的全面进攻。苏联人把德国人赶回了东欧和巴尔干半岛，英美军队在法国登陆，特别是被称为"D–Day"的 6 月 6 日诺曼底登陆，再次夺回了法国和比利时，德国人遭受到了英美军前所未有的空袭。这些失败大大削弱了德国的战时经济，打击了德国的士气。

1945 年，德国彻底失败。苏联军队从东面挺进德国，英美军队则从西面突入。希特勒在苏联人攻入柏林时自杀，德国无条件投降。

下图：1941 年"巴巴罗萨行动"期间，一辆坦克穿过一条俄罗斯的河流。最初，德国军队取得了巨大的胜利，但在冬季来临时，苏联的反击迫使他们在 1942—1943 年间撤退。

上图：波兰游击队在华沙起义期间开展战斗，华沙起义从 1944 年 8 月持续到 10 月。

大屠杀

对平民的袭击，最残酷的是德国实施的种族灭绝大屠杀中对大约 600 万欧洲犹太人的大屠杀，这是希特勒种族偏执和歇斯底里的产物。反犹太主义导致德国的一些（但不是全部）盟友全力配合这场大屠杀，尤其是罗马尼亚，但关键的角色仍是德国人（此时包括奥地利人）。在德国，对犹太人的战争并非秘密。大部分杀戮发生在犹太人居住的地方及其附近，尤其是在东欧。但也有针对犹太人的迁移运动，有的迁移到集中营，在那里他们受到虐待并劳累至死；还有的迁移到灭绝集中营，在那里他们被立即杀害，特别是使用毒气。在最致命的集中营——奥斯维辛 2 号集中营，大约 150 万犹太人被屠杀。在其他难民营，如特雷布林卡和索比堡，也有数十万人被杀。

德国纳粹对犹太儿童实施赶尽杀绝，这些行动的目的是为了确保犹太人没有未来。将近 150 万 14 岁以下的犹太人在大屠杀中丧生，孕妇也是如此遭遇。

德国纳粹对其他平民的屠杀也很严重。例如，1944 年，约 12 万波兰人在华沙被杀，大部分是因为镇压华沙起义以及与之相关的对平民的屠杀。在所有大国通过轰炸和其他军事行动杀害平民的事件中，其意图或行动都比不上德国的大规模屠杀，这些屠杀是毁灭性的。

万塞会议

1942 年 1 月 20 日，纳粹高级官员和党卫军领导人在柏林郊区万塞（Wannsee）的一座别墅举行会议，帮助协调了旨在作为"最终解决方案"的组织工作。在这次会议上，他们决定将所有的欧洲犹太人，包括那些那时还未受德国控制的犹太人，驱逐到死亡集中营并进行屠杀。在会议中，党卫军起了核心作用。

战时大后方

与第一次世界大战一样，第二次世界大战引发了国家资源的大规模动员、政府权力的大规模扩张，以及对社会进行军事管制和严密指挥的倾向。与此同时，对于所有参战国家来说，主要问题是军民的士气和快速恢复的能力，这些能够鼓励和凝聚聪明才智，并确保"大后方"能持续供应食物和提供精神支撑。在这个过程中，不仅是新闻，电影、音乐等艺术也起到了宣传的作用。在苏联，人们从历史中寻找民族主义的典范。大量的男性参战，使得英国和苏联严重依赖女工。然而，德国却更愿意依靠那些它所征服的奴隶劳工。

对于被占领国来说，战争的前景更加惨淡，因为抵抗遭遇了严酷的对待。比如法国，从 1940 年开始被德国占领，起初基本上是和平的，但从 1941 年开始，情况变得更加暴力。在整个欧洲，山区和森林地带的抵抗相对容易。抵抗德国占领是对德国资源的一个重要牵制，对德国的通讯网也造成损害。事实证明，德国的应对措施是适得其反的。它的无情做法和治安力量的不足都使它难以执行有效的占领政策。

下图： 1941 年，苏联的一群女农民承担起了男人们去前线之前所做的工作。这是典型的宣传照片。在整个欧洲，女性承担了新的角色。

第九章

战后欧洲

战后欧洲
1945 年至今

战后，核冲突的威胁，加上国际政治的重新组合、意识形态的分裂以及对重演 20 世纪上半叶系列事件的恐惧，引发了这一时期的紧张气氛。欧洲发生了巨大的变化，随着人口增长、科技发展、城市化以及一系列新的文化习俗和环境问题的出现，欧洲大陆成为一个完全不同以往的地域。

变动中的欧洲：新的和平协约

和平协约带来了领土、人口和政治上的重大变化。前两种变化基本上一直持续到现在。苏军驻扎在柏林、维也纳、布达佩斯和布拉格，苏联是主要的赢家。它保留了在 1939—1940 年间（从波兰、罗马尼亚和芬兰，以及全体波罗的海共和国）获得的所有利益。苏联还赢得了捷克斯洛伐克在 1939 年被匈牙利吞并的部分地区，以及德国东普鲁士省的北部地区。

东普鲁士的其余部分（南部）划给了波兰，波兰在其西部边境——西里西亚和东波美拉尼亚获得了广阔的德国领土。然而，波兰在其东部边境失去了更多的领土（约占战前波兰的 48%），这些领土被苏联占领。这一结果推翻了波兰在 1920—1921 年间取得的成就，遭到波兰流亡政府的拒绝。时至今日，由于 1991 年苏联解体，这些领土为白俄罗斯、乌克兰和立陶宛所分割。与此同时，波兰作为一个国家整体向西位移。

前页：柏林人站在靠近勃兰登堡门的柏林墙的墙头庆祝德国的重新统一。

左图：柯尼斯堡，曾经的东普鲁士首都，1945 年后更名为加里宁格勒。

领土和城市也相应更改了原来的名字。曾于 1945 年长期抵抗苏联军队进攻的德国城市布雷斯劳，后来成为波兰城市弗罗茨瓦夫。东普鲁士首府柯尼斯堡改名为加里宁格勒，以纪念一名苏联政治家。其他进入历史垃圾箱的名字还包括西里西亚、波美拉尼亚和斯德丁等。

战后还有一场大规模的人口流动。1945—1946 年，900 万德国人从苏联占领的领土逃离或被向西驱赶，但在 1939 年前，从捷克斯洛伐克、波兰和其他国家逃离的人更多。苏联把它获得的乌克兰西部领土上的波兰人转移出来，将其安置在德国人已经被清除的土地上。这是在运用暴力实施"种族清洗"，但不算种族灭绝。他们决心避免"一战"后新的民族国家内出现大量少数民族的情况。

冷战的开端

即使在与英美结盟时，约瑟夫·斯大林也保持着对西方的高度警惕，"二战"结束后，苏美两国又恢复了战前的敌对状态。苏联控制东欧的决心是造成紧张局势的一个关键原因。随后以苏联为首和以美国为首的军队的对峙焦点在欧洲。事实上，许多武器，包括核武器和非核武器，都部署在欧洲并且（或者）瞄准在那里的目标。

由于担心苏联的扩张，美国与欧洲的关系远比第一次世界大战后要密切得多。为了帮助欧洲的经济复兴，美国慷慨地提供了大规模的财政援助，即所谓的马歇尔援助（Marshall Aid）。此外，随着北大西洋公约组织（北约）于 1949 年成立，美国（以及加拿大）致力于维护西欧的安全。北约囊括了西欧的大部分地区，包括战前的中立国——特别是荷兰、丹麦和挪威。

美军相应地进行了部署，包括在英国、意大利和西班牙部署了飞机，在西德驻扎军队，在英国和意大利部署了军舰。1947 年，美国取代英国，支持希腊保王派政府对抗苏联支持的共产党人起义。美国的援助帮助希腊

保王派在 1949 年取得了成功，这一进程是由于在铁托领导下的南斯拉夫脱离苏联控制后，共产主义阵营出现分裂而推动的。在佛朗哥独裁统治下的西班牙并不是北约的一部分，但是美国计划将西班牙拴在其联盟体系内，为此达成了一项协议，根据该协议，美国人可在西班牙的基地部署飞机。事实上，新的地缘政治引发了美军对于新基地的要求，甚至在冰岛和格陵兰岛。从 1952 年起，希腊和土耳其成为北约成员国，尽管英国更倾向于北约将重点放在西欧和北大西洋。

为了与北约相对抗，苏联控制了东欧，待到 1955 年，苏联在东欧建立了华沙条约组织。华约组织包括波兰、捷克斯洛伐克、匈牙利、罗马尼亚、保加利亚，从 1956 年起还加入了东德。各个国家，无论它们属于哪个集团，都被这种竞争状态赋予了一种涉及特定地理、政治特点的角色，而并未拥有以自身为主的重要定位。

1948 年，由于斯大林寻求意识形态的一致性和对执政政策的控制，南斯拉夫战时领导人约瑟夫·铁托领导并处于执政地位的南斯拉夫共产党被指控放弃共产主义原则，在外交政策上未能遵循莫斯科的领导。铁托被要求下台，苏联组织了对南斯拉夫的经济封锁，进行了宣

德国的命运

德国在第二次世界大战中的失败导致了它作为一个完整政治结构的毁灭。与第一次世界大战后不同的是，它被划分为苏联占领区和美国、英国和法国占领区，前者成为德意志民主共和国（或共产主义的东德），后者成为德意志联邦共和国（或民主的西德）。两个截然不同的国家并行建立，一直持续到 1990 年统一。一个自称是共产主义的、反法西斯的、反帝国主义的；另一个则是跟随西方的、民主的、以市场经济为基础的。

左图：约瑟夫·铁托，南斯拉夫共产党领袖，他与斯大林争执，希望能够与苏联之间保持一定程度的独立。

柏林空运

孤立于苏联占领区内的柏林，本身就被在德国据有占领区的四个大国瓜分。这种情况似乎对苏联的立场构成了挑战。在柏林危机中，苏联从 1948 年 6 月到 1949 年 5 月封锁了西柏林（美国、英国和法国的占领区）。为应对封锁，英美两国成功空运了 150 万吨物资，令人印象深刻。这场危机似乎使战争临近，但却导致美国轰炸机在英国驻扎。使用原子弹的威胁帮助解决了危机，苏联放弃了接管整座城市的企图。

右图：1948 年，在市民的目视下，一架美国飞机将物资运入柏林。

传攻势，并开始了小规模的武装攻击。

然而，苏联的进攻失败了，其中的主要原因是战时南斯拉夫的共产主义运动对苏联的依赖程度远低于东欧其他地区（阿尔巴尼亚除外）。此外，南斯拉夫与苏联没有共同边界。铁托自 1937 年起开始担任南斯拉夫共产党的第一书记，直到 1980 年去世前，他还是战后南斯拉夫的总理和总统。

对铁托的态度破坏了整个苏联集团的政治气氛。从 1949 年开始，整个集团都对那些被认为是铁托主义者和被指控为民族主义异己分子的人进行了公审。他们被列入了之前托洛茨基分子们早已经"盘踞"的名单。

对内部所谓异议人士的无情打击削弱了共产主义运动，并降低了民众对其的支持。

帝国的终结

第二次世界大战结束后，一方面受到殖民地独立运动的影响，西欧殖民国家迅速放弃了它们的殖民地，但更多的原因是它们已经承担不起帝国应当负担的义务，这在一定程度上也是由于第二次世界大战造成的精疲力竭。20 世纪 40 年代末，英国放弃了后来的印度、巴基斯坦、斯里兰卡、缅甸和以色列，荷兰人离开了印度尼西亚，法国人离开了叙利亚和黎巴嫩。虽然法国人在 1954 年离开了柬埔寨、老挝和越南，但在 1950—1956 年间，大多数殖民地仍然得以维持，然而到了 1957—1964 年，英国和法国放弃了绝大多数殖民地，比利时离开了刚果。后来，在 1975 年和 1976 年，随着葡萄牙和西班牙的右翼政权被推翻，出现了新的非殖民化浪潮，这一浪潮在非洲特别明显，例如安哥拉和莫桑比克。冷战在非殖民化斗争中发挥了作用，这反映出苏联试图跳出并超越西方现有的"遏制"体系。

长期的繁荣

从 1945 年到 1973 年，赎罪日战争引发的石油价格飙升，这是一段欧洲经济快速发展的时期，后来被称为"长期繁荣"。到了 20 世纪，出现了一个覆盖全世界并且对社会影响力超越以往任何时代的更加完整的体系。在美国人建立的新经济秩序中，自由贸易和现成的投资带来了生产率的大幅提高和经济增长。新技术在制造业和农业中的应用带来了生产力的提高。机械化，如拖拉机的使用，使劳动者从土地上脱离出来，这一点在法国和德国尤其显著。在制造业中，专门建造的新工厂采用大规模生产，能够更有效地引进新技术和组织方法。英国、法国和意大利发展了国家计划和国有化程度很高的混合经济，同时私营部门也在继续运行。贸易保护主义和社团主义盛行的西班牙和葡萄牙则经济增长缓慢。

西德增长更快。这在很大程度上要归功于 1963 年至 1966 年的联邦总理路德维希·埃哈德（早些时候是一位有影响力的经济部长）和其他领导人推动的经济自由化。在自由主义经济学家的影响下，西德政府采取了支持竞争的政策，并维持了货币稳定。西德的经济和金融体系与法国、英国的国有化和国家控制形成鲜明对比，尤其

上图：路德维希·埃哈德在西德经济发展中发挥了重要作用。

是与东德的全面国家控制差异显著，后者的经济增长率和生活水平低于西德。西德的经济发展还得益于其机械工业的从业者技能，以及和谐的劳资关系。

上图：在 1956 年的反抗中，两名匈牙利革命者手持枪支。苏联以压倒性的军事力量作为回应，以示威慑。

对苏联的抵制

　　尽管苏联在很大程度上依赖于俄国式的管理，但苏联集团的统治还是导致了其他国家民众的反抗。20 世纪 50 年代和 60 年代发生了两次重要的事件，分别是 1956 年的匈牙利 10 月事件和 1968 年的"布拉格之春"。这两次反抗都被苏联的军事行动所镇压，部分原因是苏联认为任何改革的企图都会使整个集团分崩离析。

赫鲁晓夫年代

尼基塔·赫鲁晓夫于 1953 年至 1964 年任苏联共产党第一书记，他在 1953 年斯大林去世后的权力斗争中获胜，并于 1955 年起领导苏联。赫鲁晓夫热衷于鼓舞劳工士气以获得民众的支持，他寻求将经济增长的重点放在改善人民生活条件上，社会主义的消费逐渐显露出来。此外，1956 年，曾用于谴责斯大林的粗暴作风和纵容个人崇拜之风却在赫鲁晓夫自身周围滋生起来。1957 年，赫鲁晓夫推翻了党内对手。1964 年，他被中央委员会免职，理由是他曾在柏林（1961 年）和古巴（1962 年）的问题上冒险发动战争，同时他未能确保粮食增产。

1961 年柏林危机

1961 年 8 月初柏林墙的修建，实际效果是东德放弃了主张他们自己的制度更受欢迎的宣传斗争。他们的城市划分最初是用带刺的铁丝网，后来又建起了一堵混凝土墙，由训练有素的边防部队防守，随时准备射击可能的逃犯。

作为回应，危机在国际层面升级，10 月，美国和苏联坦克在德国发生了对峙。最终的结果是，柏林墙的建成让这个分裂的城市成为双方敌意的有力见证。柏林墙也是一种宣言，提醒人们：德国统一的可能性非常小。在这之后，柏林墙成为小说和电影中一个醒目而反复出现的主题。

左图：尼基塔·赫鲁晓夫会见卡达尔·亚诺什，后者在匈牙利改革失败后掌控了匈牙利。

下图：1961 年 10 月 29 日，柏林危机期间，美国和苏联的坦克在查理检查站对峙。

1968 年捷克危机

捷克斯洛伐克的经济失败促使人们呼吁政治改革，1968 年，信奉斯大林主义的领导人安托宁·诺沃提尼被亚历山大·杜布切克取代，后者呼吁"有人性面孔的社会主义"和"社会主义的新起点"。在苏联和其他共产主义国家看来，这一"新的开始"意味着共产党控制权的削弱；事实上，"布拉格之春"见证了审查制度的废除和言论自由的增加。苏联人还对与莫斯科磋商的挫败以及苏联附近地区事态发展的影响感到担忧。

与 1956 年的匈牙利不同，捷克改革者坚称捷克斯洛伐克将继续忠于华沙条约，并将保留共产党的"领导"地位。然而，对这类宣称的怀疑导致了 1968 年 8 月苏联、波兰、匈牙利、保加利亚和东德军队的进驻。捷克改革运动被镇压之后，一个警察国家又重新建立起来。

下图：在 1968 年危机期间，苏联士兵试图穿过布拉格抗议的人群。

1968 年 5 月，巴黎暴徒

　　1968 年 5 月，在巴黎，学生的占领和示威导致了防暴警察的野蛮回应，并升级为一场危机，包括法国各地的大罢工。戴高乐得到了必要时获得军事支持的保证，在民众的支持和他的反对者内部分歧的鼓舞下，他重新获得了主动权。

上图：1968 年 5 月 9 日，巴黎索邦大学外的抗议学生。

激进主义和 68 运动

　　这一时期的学生抗议被证明是 1968 年激进行动进入高潮的关键因素，学生们开始转向左翼。有历史学家认为，这并不是苏联式共产主义的左派，而是贯彻毛泽东思想（以毛泽东领导的红卫兵为榜样）和无政府主义的直接行动。一些评论家认为这是 1848 年革命的回声。

　　更广泛地说，68 运动在许多方面影响了所有西欧国家，尤其是导致了具有新的购买力和期望的年轻人，与老人政治的权力结构之间的冲突，甚至包括家庭、学校、商业（被称为资本主义）和政府（被视为权威）之间的冲突。其基本原因是反权威主义。此外，东欧也有类似的运动，尽管捷克斯洛伐克的自由主义是以改革共产主义的形式呈现的，但他们在 1968 年被苏联的军事干预所粉碎。

　　西欧的激进分子没有意识到，在批评和试图摧毁诸如核心家庭这样的既定制度和机构时，却往往没有什么可以取代它们。而更加肯定的是，随着更多的权力被赋予年轻人和妇女，民主得到了扩展。事实上，"妇女解放"是这一时期的一个重要主题。

　　68 运动的短期政治影响是有限的，它鼓励一些人诉诸更激进的思想，甚至在意大利和西德发动恐怖主义运动。事实证明，在要求变革上，制度表达的方式很弱，远远不够持久。当警察得到了社会大多数人的认可（即使不是支持的话）时，集会示威就无法挑战警察。此外，军队中的激进主义是有限的，1917 年的俄罗斯和 1974 年的葡萄牙则是例外情况。在葡萄牙，1974 年军队中的激进分子在"康乃馨革命"中推翻了从 1926 年就开始执政的右翼独裁政权，而在 1968 年以及之后，历史见证了比法国、意大利或西德更为激进的变革。在政治上，20 世纪 60 年代结束时，法国、意大利和西德的保守政府仍然掌权，1970 年，保守派在英国上台。

左图：威利·勃兰特在 1969 年 至 1974 年 担任德国总理期间，寻求改善西德和东德之间的关系。

新东方政策

社会民主党领袖威利·勃兰特于 1969 年出任西德总理，他倡导一种新的东方政策。在早期基督教民主联盟主导的政府中，在德国分裂及其与波兰的边境争端得到解决之前，曾拒绝考虑与东德合作，但这一政策未能达成所愿。勃兰特希望通过改善关系带来稳定，使西德能够在欧洲发挥更为核心的作用。

新东方政策也反映了某种程度的自信，这一自信基于令人印象深刻的西德经济发展，它也是寻求军备竞赛的政治替代方案的产物。1970 年，西德与苏联和波兰签署了条约，实际上承认了现有的边界。1972 年与东德签订的条约意味着承认后者为独立国家。尽管欧洲的紧张局势有所缓和，新东方政策也稳定了共产主义政权，但并没有为其带来太多的自由化。

1975 年赫尔辛基协定

新东方政策为 1975 年 8 月 1 日的《赫尔辛基协定》铺平了道路，这一进程事关全欧洲范围的稳定，并纳入美国和加拿大作为抗衡苏联的砝码。筹备会谈于 1972 年 11 月开始，最终的首脑峰会于 1975 年 7 月 30 日举行。《赫尔辛基协定》议定接受现有边界和不干涉别国内政。稳定、权利和欧洲共同空间的结合确实为持不同政见者提供了一个和平的机会之窗。

团结工会

20 世纪 80 年代初，由于对俄罗斯的传统敌意和强烈的基督教民族信仰因素，波兰成为攻击共产党执政的突破口。1980 年肉类价格上涨引发了大规模罢工，但非官方工会即团结工会的成立挑战了政府的权威，这引起了其他共产主义国家的关注。苏联国防部长支持干预，但他的同僚们不愿意这样做，同时美国总统罗纳德·里根警告苏联不要采取行动。相反，波兰军队在 1981 年实施了戒严令以加强控制，团结工会的领导人以及其他数千人未经审判就被拘留，一些人被杀害。

弗朗哥的西班牙及其瓦解

弗朗西斯科·弗朗哥将军领导的西班牙独裁右翼政权，从他在 1936 年至 1939 年内战获胜一直延续到 1976 年去世。这是一个保守社会的独裁政权。它随着欧洲的普遍发展而发生了变化。例如，在 20 世纪 60 年代，它出现了前所未有的拥抱资本主义和一定程度的自由化。当时的情况是，弗朗哥寿终正寝后，独裁政权瓦解，民主体制迅速引入。1981 年的一场反动政变被迅速平息，但也表明了时机在政治事件中的作用；1974 年右翼独裁政权被推翻后，1974—1975 年葡萄牙的不稳定局势也说明了这一点。

左图：弗朗哥将军作为独裁者于 1939 年至 1976 年统治西班牙。

僵化的苏联领导层

列昂尼德·勃列日涅夫（1964—1982 年执政）取代了尼基塔·赫鲁晓夫成为苏联共产党领导人，他没有看到变革的必要性，忽视了层出不穷的问题的警告，在经济管理方面表现得尤为疏忽。

苏联国内的生活水平难以与西欧的发展相较量，造成了民众普遍的冷漠、愤世嫉俗和幻灭感。经济政策方面的弱点，日益显现出来。

即便如此，苏维埃政权的强大帮助它保持了权力，这也与公众的选择有关，即除了苏共的领导之外别无选择。

勃列日涅夫的职位由 68 岁的克格勃领导人安德罗波夫继任。他理解改良的必要性，但不知道如何确保改良不走样，于是仅仅要求加强社会和工作纪律，这当然不管用，而且他自己重病缠身。安德罗波夫于 1984 年 2 月去世，接替他的是康斯坦丁·契尔年科，他是另一位老病的人物，于 1985 年 3 月 10 日去世。契尔年科的智力甚至不及安德罗波夫。这一任命导致了一种强烈的政策僵局。

左图：列昂尼德·勃列日涅夫是苏联一连串未能认识到改革必要性的领导人之一。

苏联梦破灭了。经济困难、政治懈怠和大量受过良好教育的苏联公民的共同作用表明，1985 年的苏联与 1917 年革命期间曾经的理想号召截然不同。

苏联模式的垮台

1985 年 3 月 11 日成为苏联领导人的米哈伊尔·戈尔巴乔夫带领新一代掌权，并寻求创建"有人性的社会主义（共产主义）"。他一边试图将市场运行引入计划经济，另一边鼓励共产主义消费观以赢得民众支持，结果没有成功。经济改革，特别是改组重建，其中包括放松计划经济模式，意外地导致了经济问题，包括通货膨胀、短缺、经济体系的崩溃，于是国内民众要求政治变革。

戈尔巴乔夫支持政府和社会的公开性，他相信苏联和共产党不仅能够在变革的挑战中生存下来，而且能够相互加强。

戈尔巴乔夫明确表示，不会向东欧各国政府提供军事支持。这导致了他们在 1989 年的崩溃，并且走向多党政治和自由选举。除了在罗马尼亚执政党是被武力推翻的，其他国家对这些改变没有明显的抵制。1990 年，东德与西德重新统一。

随着乌克兰等联邦内的前共和国获得独立，这一进程蔓延到了全苏联（1991 年解体）。在一些非俄罗斯民族的共和国，长期以来民族主义的温床孕育了广为流行而又形形色色的话语体系以及异议形式。从 1988 年的年中开始，苏维埃国家日益衰弱，联邦政府对民族主义反应表现得分裂和混乱，在民族主义情绪映衬下，所有这些凸现得更加恶化，尤其在波罗的海各共和国、高加索共和国和乌克兰西部更为明显。

当这些共和国宣布独立后，戈尔巴乔夫于 1991 年 1 月派兵进入这些共和国，以支持苏联维持其权威。这导致了里加和维尔纽斯的冲突。当俄罗斯联邦社会主义共和国元首鲍里斯·叶利钦发起了一场反对苏联残留机构

上图：尼古拉·齐奥塞斯库自 1965 年至 1989 年统治罗马尼亚。

1989 年的罗马尼亚

罗马尼亚领导人尼古拉·齐奥塞斯库试图用武力镇压反对罗马尼亚共产党的游行示威，坦克被派往蒂米什瓦拉和首都布加勒斯特。12 月 21 日，齐奥塞斯库在布加勒斯特发表演讲时，民众当面发起游行示威，但被塞库利塔德即秘密警察袭击，1000 多人丧生。第二天，新的示威游行导致齐奥塞斯库被迫逃离。军队最终采取行动支持示威者，以足够的力量来威慑塞库利塔德并推翻了政权。齐奥塞斯库被军队拘留、审判和枪杀。

的俄罗斯民族主义运动时，苏联境内的民族主义达到了顶峰。

　　针对这些事件，1991 年 8 月 19 日，部分苏联共产党人在莫斯科发动了一次政变，试图阻止这一进程，然而失败了。强硬派共产党人被边缘化了，各共和国选择了独立。1991 年 12 月，大多数国家加入了独立国家联合体，苏联不复存在。从 21 世纪开始，在威权主义者弗拉基米尔·普京的领导下，俄罗斯寻求挽回失去的权力，2008 年对格鲁吉亚进行军事干预，2014 年起对乌克兰进行了多次军事干预。

20 世纪 90 年代的南斯拉夫

　　南斯拉夫，另一个共产主义联邦国家，在 20 世纪 80 年代受到了许多与苏联相同的问题的影响，包括经济停滞、民族主义情绪和对主要大国地位的不安，当然在南斯拉夫，这里的主要大国是塞尔维亚而非俄罗斯。1990 年，克罗地亚和斯洛文尼亚的自由选举加剧了他们对塞尔维亚人强硬态度的反对，并于 1991 年宣布独立。由此产生的塞尔维亚人和克罗地亚人之间的冲突蔓延到波斯尼亚，而波斯尼亚是南斯拉夫的一部分，种族混杂，有大量的克罗地亚人、塞尔维亚人和穆斯林人。每个社区组成一支军队。这场冲突是残酷的，其中包括蓄意以平民为目标的袭击行为。

　　西方对冲突干预的削弱，首先是由于美国不愿采取行动，尤其是军方领导人不情愿，以及欧洲在军事和政治上的软弱。后者包括在行动的可行性问题上存在着的明显分歧。

右图：1992 年萨拉热窝被围困期间，塞尔维亚士兵进入阵地。

然而，1995 年在波斯尼亚，1999 年在科索沃，最终都签署了和平协议，塞尔维亚政权的扩张行为被遏制，该政权也未能获得俄罗斯的支持。这些危机显示了巴尔干地区种族紧张的力量。

欧洲文化内部的紧张局势显而易见，特别是存在种族和宗教仇恨的裂缝。这是大多数欧洲人不希望学习的一课，但仍然是有意义的一课。由于受到大规模来自非欧洲地区移民人口的影响，欧洲文化已经被改写。

宗教

基督教在西欧并没有崩溃。它虽然衰落了，但仍有众多忠实的信徒。然而，对于大多数信徒和不那么虔诚或不信教的人来说，宗教信仰变得不那么重要了。宽松的"社会立法"与教会教义公然对抗，令教会感到困惑，教会显得缺乏"现实意义"。由于天主教会的影响力受到质疑，围绕离婚、避孕、同性恋和堕胎等问题展开了政治斗争。天主教会陷于失败，主要是因为赞成变革的全民公投不利于他们，就像葡萄牙（2007 年）和爱尔兰（2018 年）对堕胎合法化的激烈争论一样。

作为对社会和理性潮流的回应，天主教会在 1962 年教皇约翰二十三世（1958—1963 年在位）召集梵二会议时，向世人展示了尝试新路线的意愿，例如采用现代化的礼拜仪式。

然而，由于 1968 年教皇通谕《人类的生命》（*Humanae Vitae*）中颁布人工避孕方法禁令引起了广泛敌意，进一步削弱了教会对许多教友的控制。波兰人约翰·保罗二世（1978—2005 年在位）和他的德国籍继任者本笃十六世（2005—2013 年在位）是现代最初的两位非意大利籍教皇，他们也表现出明显的保守倾向。本笃十六世的阿根廷籍继任者，教皇方济各（2013—　），是自 8 世纪叙利亚的格里高利三世以来第一位来自欧洲以外的教皇。

保守派的影响受到自由派神学家们的挑战，其中最突出的是孔汉思，他是瑞士天主教神甫、图宾根大学神

下图：1962 年，教皇约翰二十三世主持梵二会议

上图：2000 年，俄罗斯总统弗拉基米尔·普京与俄罗斯东正教大牧首一起出席宗教仪式。

学教授并担任梵二会议的顾问。他成为自由派天主教的领袖，指责约翰·保罗二世使教会转向反对梵二会议和极端保守主义教条。

在东欧和俄罗斯，许多人仍然坚持信仰基督教。1991 年苏联解体后，俄罗斯东正教作为一种公共力量迅速复兴。弗拉基米尔·普京在 21 世纪将与教会和平相处作为一种有利的政治策略。在南斯拉夫，宗教与种族结合（并帮助定义了种族）引发了一系列流血和旷日持久的冲突。冲突的主角包括信奉天主教的克罗地亚人、信奉东正教的塞尔维亚人，以及信奉伊斯兰教的波斯尼亚人和科索沃人。

唯心论经历了一次显著的复兴，从 20 世纪 60 年代起，"新时代"宗教和佛教都吸引了许多西欧人。事实证明，在信仰已成为另一种商品的物质世界里，这些宗教比基督教会更能吸引众多愿意怀有信仰的人的热情。传统的非基督教信仰，包括伊斯兰教、犹太教和印度教，对基督徒的吸引力有限，但这些信仰基本上迎合了移民群体及其后裔。

不断变化的环境

　　20 世纪由于人类活动，特别是由于经济增长，动物栖息地的变化比以往两千年任何一个世纪都要大。这个世纪见证了人类和其他动物之间为了从人类视为自身领地的地方获利而日趋激烈的竞争，当然，这也是动物的栖息地。

　　世界是可塑造的地形，是可使用的商品，这一观点从 20 世纪 50 年代开始受到一个命题的挑战，即世界是一个生物圈，以一种有机的方式运作，利用自然反馈机制来维持生命。地球现在越来越多地表现为一个受人类活动影响的环境系统，例如大气污染，它影响了反馈机制。随着对环境的关注和环境知识的传播，这一体系的运作越来越清晰。因此，跟踪和放人通过空气传播或水传播污染物的运动轨迹成为可能。

　　人口增长、经济发展和富裕程度的提高都给环境带来了压力。污染造成的破坏是多种多样的。燃烧森林或化石燃料产生的二氧化碳排放量增加，"酸雨"破坏了林地，并

下图：德国北莱茵—威斯特伐利亚的一座褐煤发电站。自 20 世纪 50 年代以来，人们对人类活动对环境的影响进行了越来越详细的研究。

危害了河流和湖泊。交通运输工具排放的铅严重影响了空气质量。消费社会产生了越来越多的垃圾，其中许多是不可能进行生物降解的，甚至是有毒的。事故造成严重的环境破坏。此外，噪声和光污染变得更加严重和普遍。海洋中的塑料垃圾通过藻类和鱼类进入人类食物链（例如，西班牙越来越多地用塑料种植水果和蔬菜，而这些塑料又被大量倾倒进入地中海）。

对环境压力的焦虑导致了对可持续发展的需求。事实证明，可持续发展是一个模糊不清的概念，很难界定和执行，而且这一概念受到诸多挑战，如来自地方社区渴望获得就业机会，公司渴望实现收入最大化，政府专注于经济发展。然而，从 20 世纪 60 年代开始，"绿色"行动主义和随后的政治运动在整个欧洲变得更加显著。如在德国，绿色政治家尤其受益于比例代表制，而在英国，他们甚至进入了议会。对"绿色"问题的关注变得更加突出，不仅因为人们对全球变暖的担忧增加，而且因为进入 21 世纪 10 年代，人们对塑料带来的影响更加敏感，尤其是海洋中的塑料。

文化

这一时期受美国电影和电视节目的影响，以及消费社会中源自美国的产品，尤其是汽车的影响，美国作为一片财富和刺激之地的神秘感在 20 世纪 50 年代大大增强，在西欧，许多国家，尤其是西德，是在美国的文化和消费主义的影响下重塑的。从 20 世纪 60 年代起，青年文化开始崭露头角，这带来了自我标榜的个性解放，这种情况一直持续到现在。

避孕药影响了社会习俗，并在一定程度上影响了社会规范，特别是对妇女的规范。性与生育分离，然后与婚姻分离。战后的欧洲，要求承认自主性行为的重点在异性恋活动上，主张女性享受性的权利，有权享受婚前性生活而不受批评。主动避孕以对自身生育做主，这让

许多女性对自己的生活有了更大的控制权，尽管对许多女性来说，情况并不乐观。堕胎成了争取控制自己人生的另一个议题，而同一时期，女同性恋作为一种选择被社会认可。

20 世纪 60 年代，女权主义者重新在文化和政治上显现重要意义，尽管那个时代的女权主义者往往低估了早期需要作出的努力。在实际运行中，女权主义有许多不同的派别，有些还与其他派别相冲突。至少对一些妇女来说，社会变革与自我觉醒的妇女运动相结合产生了一个性别融合的现象。进入就业市场的已婚女性人数不断增加，更多女性在生完孩子后重返工作岗位。在某种程度上，女权主义与社会对这些女性的权利和报酬的紧张关系有关：工会和管理层更加重视男性的技能。这一时期妇女的法律地位得到改善，同时平等权利也郑而重之地引入制度实践当中。

对一些人来说，女性自我意识的发展更倾向于政治导向。然而，这并不符合所有妇女的经历。事实上，社会存在着严重的阶级紧张状况，工人阶级妇女在"意识唤起"的方法中常常感到被忽视。

男性形象也在不断变化。体力劳动的减少和女工的日益显露头角，都促成了一种变革感；事实上，在某些情况下，它危及了男性气概。与工作事实和就业等级相联系的对传统的尊重受到了挑战。这些变化也伴随着父权掌控模式的衰落。这一掌控模式被妻子、女儿和儿子推翻，但也被许多父亲主动抛弃。

这一时期的欧洲对同性恋的态度分歧与社会变革是不同的，但也是社会变革的一部分。同性恋权利运动提出了同性恋和异性恋一样，应该视为正常并得到平等对待，而迄今为止，同性关系在许多国家都被视为犯罪。这导致了法律和社会的变革，并引发了引人注目的讨论，比如 2001 年，自称同性恋者的贝特朗·德拉诺埃当选为巴黎市长。

新千年的欧洲

21世纪初是在一种良好的气氛中开始的，1999年科索沃危机的结束表明，冷战后的不稳定局面已被成功克服。这种乐观情绪在许多欧盟成员国成功采用欧元作为共同货币时得到了体现。

由于2008年开始的全球金融危机，形势变得不那么乐观了，这给欧洲国家的经济带来了压力，尤其是那些债台高筑的国家，如希腊、葡萄牙和意大利。欧元在某种程度上削弱了各国管理本国财政的能力。德国从欧盟的开放市场中获益匪浅，但其他许多国家远远得不到这样的好处，尤其是地中海地区的欧洲国家。

在政治上，这场危机促使欧盟委员会和法国进一步推进更深层次的欧盟联邦制的事业。然而，这一方针也遭到广泛反对，极大地助长了政治动荡感。一方面，民族国家之间的紧张局势很明显；另一方面，超国家组织（尤其是欧盟）和亚国家区域的结合也很明显。后者尤其受到民族国家进程时间较短和程度较弱的民众的青睐，例如比利时和意大利，而与之相反的是英国、丹麦和苏格兰。

民族国家的效力也有可能被夸大。目前有一种循环论证：民族国家有效地代表着国家利益，因为民族国家的存在决定了国家利益。而不太清晰的是，民族国家如此界定并追求的利益到底是不是该国人民的基本利益。

民族国家在被欧盟有所替代的同时，继续发挥着作用，无论是在自身内部、作为独立主体，或者在欧洲一体化的外部。与此同时，民族国家也面临诸多问题，譬如在2019年法德签署了《亚琛条约》，以提供共同的国防、外交和经济政策。实际上，这项条约在1963年两国条约的基础上进行了很大的扩展，是对违背两国领导人马克龙总统和默克尔总理意愿的政治潮流（反对欧洲一体化）的回应。

亚琛由于其作为查理曼大帝首都的角色而具有浓厚的象征意义。它的选择象征着"深厚历史"的再现，而当其时，民粹主义和民族主义正在被辩论、定义和重新定义。民粹主义和民族主义无疑在21世纪之后对整个欧洲的影响越来越大，但它们都不会将重点放在支持欧盟上。

右图：德国亚琛市政厅。从查理曼大帝的首都到位于法国和德国边境的地理位置，这座城市都扮演着象征性的角色。

第十章

欧洲的未来

第十章

欧洲的未来

未来，欧洲将面临一系列问题，包括人口增长下降、移民增加以及欧盟走向问题。与此同时，围绕欧洲边界的紧张局势可能会长期持续下去，各国需要对如何与外部世界互动交流作出选择，所有这些问题就像气候变化问题一样带来了新的不容忽视的挑战。

人口统计

欧洲的未来和当前欧洲人的未来可能不是一回事，但它们肯定是联系在一起的。今天，这个大陆的大部分地区都受到人口零增长的影响。平均预期寿命的延长在一定程度上抵消了每个家庭儿童人数的下降，但这一下降影响了许多社群。这是一系列社会变化的产物，包括女性劳动力的显著增加，以及对理想家庭规模的设想。

在天主教和新教的欧洲，传统宗教规范的影响都有所下降。避孕已经成为常态，堕胎和同性恋也正在合法化。这些以及其他社会和文化领域的变化缩小了家庭规模，而更多的年轻人选择不结婚或推迟生育。因此，欧洲的人口结构看起来与世界其他地区大不相同。意大利、西班牙和葡萄牙都是天主教国家，人口增长率特别低。如果没有移民，欧洲大部分地区的人口即使没有下降，也将停滞不前；从 20 世纪 90 年代开始，居住在欧洲的世界人口比例急剧下降。老年人的赡养比例也在上升，这给社会其他人带来了压力。

移民

人口状况使得移民成为一个更加清晰可见的问题，特别是在近几十年来世界人口空前增长的背景下。这一增长还将继续，从今天的 74 亿可能持续增长到 21 世纪末的 107.5 亿。这一增长在非洲最为迅速，预计非洲人口将达到 30 亿。非洲与欧洲只被地中海隔开，很容易跨越。事实上，从利比亚到意大利的移民在 21 世纪 10 年代中期成为意大利政治中的一个重要问题。

欧洲之外的其他地方大规模人口增长的后果可能包括移民以前所未有的速度进入欧洲。在某种程度上这种情况已经发生，并改变了整个欧洲尤其是南欧的人口、种族和宗教结构以及社会模式。

在 20 世纪和 21 世纪，移民率随着拉动力和推动力的因素而上升。拉动力因素表现为经济机会、有关机会的消息传播和交通路线的改善；推动力因素包括武装冲突、政治、种族或宗教迫害，往往与人口增长相关联的贫困，以及干旱和洪水等自然灾害。

移民的方式多样而复杂。大多数移民不是从外部进入欧洲，而是在欧洲内部迁移，实际上是在各个国家内部，尤其是从农村到城市，以及到机会更多的地区，例如从法国前重工业区的东北部到图卢兹地区的南部，以及从英格兰北部到南部。

农业也因机械化和国际竞争而发生了重大变化。因此，在意大利，有大规模的移民从西西里岛和南部迁移

到北部的工业城市，如米兰和都灵。在葡萄牙，北部的小农土地肥力退化，那里的人们迁往城市，主要是里斯本和波尔图，以及移居国外。

20 世纪 90 年代初，尤其是 2008 年以来，出现的更广泛的经济衰退，加剧了各国内部不同命运进程的经济压力。青年失业率大幅上升，特别是在希腊、意大利、葡萄牙和西班牙，法国也是如此。

国家之间的移民比国内的移民引起的争议更多。然而，移民工人，例如葡萄牙人到法国和英国，波兰人到英国，意大利人到德国，造成的问题比跨文化移民造成的问题要少，仅举一些比较突出的例子，例如阿尔及利亚人到法国，土耳其人到德国。而较为敏感的是那些逃离迫害而无法返回家园的移民，例如 21 世纪第二个十年中期的叙利亚人。文化迥异的移民所带来的问题，无论是真实存在的还是因恐惧造成的，都使这一类移民更具争议性。

在 21 世纪前 20 年，从中东和非洲到欧洲的移民速度也导致政治上的高度紧张，特别是伴随着极右势力的崛起，但还不止于此。事实上，移民一直是民粹主义的主要驱动力之一。一些评论员提出的立场使得他们的身份受到威胁，并采用了"鲜血与土地"这一民族主义定义。移民人数可能还会增加，其后果可能是良性的也可能是恶性的。移民将有助于抵消人口老龄化带来的后果，并能在文化上带来活力。但与此同时，社会资源和负担都面临着严重压力，这些压力促使许多非极右翼人士作出敌意反应。因此，移民问题的一个主要的不确定因素在于这一过程能够以及将会在多大程度上得到管理。

欧洲空间

　　"欧洲空间"未来可能的结构问题集中在欧盟的未来路线图上。在英国，这个问题的焦点是"英国脱欧"即英国脱离欧盟，这在 2016 年得到了全民公投的支持；但也必须关注挪威、瑞士和俄罗斯，这些欧洲国家不仅不是欧盟成员国，而且也无意加入欧盟。事实上，在对欧盟问题投票表决时，许多欧洲人投票决定不加入或退出欧盟，或不接受欧盟内部更紧密的一体化，这在一定程度上说明人们对于维系民族国家身份认同的传统凝聚力更具认同感，同时也在一定程度表明了人们对欧盟抱负和成就的怀疑。

　　在这种背景下，法国总统马克龙 2018 年提出的"多速欧洲"的想法具有重要意义。然而，目前尚不清楚，这一想法能在多大程度上帮助整个欧盟遏制民粹主义，缓解单一货币欧元对经济体造成的现实压力，以及在统一领导方面进行的相关尝试。总而言之，欧盟除了成功地创造了一个巨大的、有效的司法空间，并分别从 20 世纪 70 年代和 90 年代起在南欧和东欧扮演民主现代化的推动者之外，其是否有能力提出解决方案尚不清晰。

全球化议题

　　除了上述这些变化和问题之外，还有经济和环境的变化带来的问题。无论是人工智能的兴起还是全球变暖，这些问题在很大程度上是全球的共性，但都对欧洲构成了挑战。全球变暖已经在南欧部分地区造成了问题，夏季气温经常达到 40 摄氏度左右。在希腊和葡萄牙，气候变暖通常与健康问题以及夏季森林火灾有关。这些迹象并不令人鼓舞，尤其是欧洲正面临着其他地区的人口增长和经济增长带来的影响，欧洲在全球财富和影响力中所占比例不断下降，它们都会使这一问题更难处理。

左图：法国总统埃马纽埃尔·马克龙提议建立一个"多速欧洲"，允许各国根据自己的喜好进一步推进一体化或保持各自的独立。

重新定义欧洲

在本书引言部分，从历史、基督教和地理三个方面讨论了欧洲。目前，主流评论人士最喜欢的做法是将欧洲视为一个价值体系。这在 1993 年制定的哥本哈根标准中得到了体现，哥本哈根标准被视为各国加入欧盟的先决条件，在随后的加入欧盟的谈判中，包括目前巴尔干地区的加入谈判也遵循了这一标准。这些标准包括稳定的政治体制、对人权和法治的保障、经济稳定以及接受欧盟法律。这些体系优先于基于货币（欧元区）和边境控制（申根区）的功能体系。事实上，有些欧盟成员国不属于其中之一，甚至两者都不是。

从一个方面来说，这种欧洲身份认同的方式可能看起来有些荒谬。1989 年 9 月 27 日，西德外长在联合国的一次演讲中声称，如果东德拒绝改革的机会，它将面临"去欧洲化"的风险，然而他的主张是荒谬的，因为东德在地理上不会发生变化，而且他心目中的标准并不适用于欧洲的大部分历史。此外，俄罗斯几乎完全不符合上述欧洲定义的标准，而加拿大在某些方面倒很符合这一标准。

不仅如此，在 21 世纪头十年，关于欧洲的不同观点进一步聚焦于土耳其能否加入欧盟的问题上。实际上，历史的演变使得这样的加入不太可能。若土耳其加入欧盟会将欧洲带到格鲁吉亚、亚美尼亚、伊朗、伊拉克和叙利亚的边界。然而，这样的结果与罗马帝国的结局不会有什么不同，也与近来认为地中海地区天然是一个整体，事实上也是欧洲的根源的观点没有什么不同。当前欧洲的不确定性和未来欧洲的不可预测性，提醒人们重点关注有关欧洲身份这一源远流长的争议悬案，以及由此生发出来的另一个难题——

魅力无穷而又纷繁复杂的欧洲历史，又如何最佳地讲述呢？

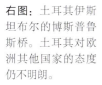

右图：土耳其伊斯坦布尔的博斯普鲁斯桥。土耳其对欧洲其他国家的态度仍不明朗。

Picture Credits

t = top, b = bottom, l = left, r = right

AKG Images: 46 (ullstein bild)

Alamy: 90 (Walker Art Library), 136 (Heritage Images), 166 (Prisma Archivo), 201 (World History Archive)

Bridgeman Images: 8 (British Library), 21 (South Tyrol Museum of Archaeology/Wolfgang Neeb), 54 (Bildagentur-online/UIG), 64 (Tallandier), 65 (Private Collection), 68 (Biblioteca Nazionale Marciana), 71 (Tancredi Scarpelli/Isadora), 80 (Bibliothèque Nationale de France), 81 (Bibliothèque Nationale de France), 82 (G. Dagli Orti/DEA), 98 (National Archives, UK), 106 (Archives Charmet), 108 (Louvre), 119 (Museum of Fine Art, Malta/Selva), 154 (CNAM), 174 (Stapleton Collection), 193 (DEA), 195 (SZ Photo/Scherl), 196 (Mondadori Portfolio), 200 (Museum of London), 202 (Universal History Archive/UIG), 210, 212 (Galerie Bilderwelt), 217 (Galerie Bilderwelt), 219 (Universal History Archive/UIG), 220 (H. P. Stiebing), 225 (DHM), 230 (Sovfoto/UIG), 231 (AGIP)

Getty Images: 20t, 31 (A. Dagli Orti/DEA), 53 (ullstein bild), 77 (Sovfoto/UIG), 83 (Fine Art Images/Heritage Images), 94 (Fine Art Images/Heritage Images), 110 (G. Dagli Orti/DEA), 152 (Sovfoto/UIG), 188 (Christophel Fine Art/UIG), 204 (Bettmann), 209 (Universal History Archive/UIG), 224 (AFP/Stringer), 227 (Hulton Deutsch/Corbis), 228 (Bettmann), 234 (Wally McNamee/Corbis), 235 (Gianni Ferrari), 237 (Patrick Robert/Sygma/Corbis), 239 (Sovfoto/UIG)

Library of Congress: 184

Lovell Johns: 30, 40, 93, 101, 181, 199, 215

Metropolitan Museum of Art: 28 (Gift of A. J. B. Wace, 1924), 39 (Bequest of Benjamin Altman, 1913), 45 (Gift of Josef and Brigitte Hatzenbuehler, 2009), 67t (The Cloisters Collection, 1970)

Science and Society Picture Library: 114 (Science Museum)

Shutterstock: 11 (Concealed Resonances), 14, 16, 20b, 26, 29, 32, 36, 43, 44, 48, 50, 51 (Juan Aunion), 59 (Massimo Santi), 60 (Michal Szymanski), 72l, 72r, 87, 126, 133, 146, 170, 172, 177, 240, 244 (A G Baxter), 247 (Huang Zheng), 249

State Library of New South Wales: 194 (Frank Hurley)

Wikimedia Commons: 6, 9, 17, 18, 19, 22, 23, 24, 25l, 25r, 33, 34, 35, 37, 38, 42, 47, 52, 55, 56, 58, 62t, 62b, 63, 66, 67b, 69, 70l, 70r, 73, 74, 76, 78, 84, 86, 88, 89, 92, 95, 96, 97t 97b, 99, 100, 102, 103, 104, 111, 112, 113, 115, 116, 117, 118, 120, 121, 122, 123, 124, 125, 127, 128, 131, 132, 134, 135, 138, 139, 140, 142, 145, 147, 148, 149, 150, 151, 156, 158, 160, 162, 163, 164, 168, 169, 171, 176, 178, 179, 180, 182, 183, 185, 186, 187, 189, 190, 192, 198, 206, 208, 211, 214, 216, 218, 222, 226, 229, 232, 233, 238, 242, 248